A força do começo

Dados Internacionais de Catalogação na Publicação (CIP)
(Câmara Brasileira do Livro, SP, Brasil)

Grün, Anselm
    A força do começo : como podemos nos inspirar no cristianismo primitivo / Anselm Grün ; tradução Nélio Schneider – Petrópolis, RJ : Vozes, 2020.

    Título original: Von der Kraft des Anfangs
    Bibliografia.
    ISBN 978-65-571-3054-4

    1. Bíblia 2. Bíblia. N.T. Atos dos Apóstolos 3. Cristianismo I. Título.

20-41676   CDD-270.1

Índices para catálogo sistemático:
1. Cristianismo primitivo : História   270.1

Cibele Maria Dias – Bibliotecária – CRB-8/9427

ANSELM GRÜN

A força do começo

Como podemos nos inspirar no cristianismo primitivo

Tradução Nélio Schneider

EDITORA VOZES

Petrópolis

© 2019, by Vier-Türme GmbH, Verlag, Münsterschwarzach, Alemanha

Título do original em alemão: *Von der Kraft des Anfangs – Was wir von den ersten Christen lernen können*

Direitos de publicação em língua portuguesa – Brasil:
2020, Editora Vozes Ltda.
Rua Frei Luís, 100
25689-900 Petrópolis, RJ
www.vozes.com.br
Brasil

Todos os direitos reservados. Nenhuma parte desta obra poderá ser reproduzida ou transmitida por qualquer forma e/ou quaisquer meios (eletrônico ou mecânico, incluindo fotocópia e gravação) ou arquivada em qualquer sistema ou banco de dados sem permissão escrita da editora.

CONSELHO EDITORIAL

Diretor
Gilberto Gonçalves Garcia

Editores
Aline dos Santos Carneiro
Edrian Josué Pasini
Marilac Loraine Oleniki
Welder Lancieri Marchini

Conselheiros
Francisco Morás
Ludovico Garmus
Teobaldo Heidemann
Volney J. Berkenbrock

Secretário executivo
João Batista Kreuch

Editoração: Maria da Conceição B. de Sousa
Diagramação: Sheilandre Desenv. Gráfico
Revisão gráfica: Alessandra Karl
Capa: WM design

ISBN 978-65-571-3054-4 (Brasil)
ISBN 978-3-7365-0223-9 (Alemanha)

Editado conforme o novo acordo ortográfico.

Este livro foi composto e impresso pela Editora Vozes Ltda.

Sumário

Introdução, 7

1 O sentido da ascensão de Jesus ao céu, 15

2 A oração da comunidade, 18

3 A nova língua em Pentecostes, 23

4 Crer juntos, 30

5 Experiências de ressurreição, 35

6 Viver a partir do Espírito de Jesus, 42

7 A conversão de Saulo, 47

8 A mensagem dos sonhos, 54

9 Pregar diante dos judeus, 60

10 Entrar no Reino de Deus passando por adversidades, 68

11 Resolução de conflitos na Igreja, 73

12 Lídia, a comerciante de púrpura, 79

13 O louvor a Deus rompe os grilhões, 83

14 O discurso no Areópago – Falar adequadamente da fé no diálogo com a filosofia, 87

15 Paulo em Corinto, 97

16 Paulo em Éfeso, 101

17 A viagem de despedida e o legado de Paulo, 105

18 Paulo em Jerusalém, 113

19 A viagem a Roma, 120

20 As histórias de cura nos Atos dos Apóstolos, 126

Conclusão, 131

Referências, 139

Introdução

No tempo da Páscoa sempre gosto de ler os Atos dos Apóstolos. Gosto também da maneira como Lucas narra o surgimento da Igreja. Para mim, Lucas é um escritor talentoso. Ele possui a habilidade de formular enunciados teológicos com o auxílio de narrativas. No campo da teologia isso se chamava, na década de 1960, de "teologia narrativa", que não se contenta com conceitos teóricos. Ela narra a atuação de Deus, e esse ato de narrar revela a essência de Deus e a do ser humano. Nas narrativas dos Atos dos Apóstolos Lucas mostra como entende Jesus, o que é essencial em Jesus para ele e como vê a atuação dele após sua morte e sua ressurreição. Isso também equivale a contar como ele entende a atuação de Jesus não só naquele tempo, mas ainda hoje. Na imagem de Jesus e na imagem dos apóstolos tornam-se visíveis, ao mesmo tempo, como Lucas entende o ser humano. Nessa linha, em 1957, o exegeta francês Jean-Paul Benoit deu ao seu comentário aos Atos dos Apóstolos o título de Combats d'Apôtres pour une humanité nouvelle [Lutas dos apóstolos por uma nova humanidade]. Nos Atos dos Apóstolos Lucas pinta o quadro de uma nova humanidade. Em uma época na qual a cultura grega em Roma sob o Imperador Nero e seus sucessores começou a dar os primeiros sinais de decadência, Lucas descreve a luta dos apóstolos por uma nova imagem do ser humano, uma imagem que concretiza tanto a sabedoria judaica quanto a sabedoria grega: o ser humano justo, bom e nobre, cujo rosto parece "como se fosse de um anjo"[1] – como a face de Estêvão (At 6,15).

Para mim, as cenas que Lucas narra nos Atos dos Apóstolos são palpitantes. Elas são imagens de uma espiritualidade libertadora. Eckhard Plümacher descreveu Lucas como autor helenista – a arte de um autor helenista inclui narrar episódios dramáticos, e Lucas domina essa arte. Com esses episódios narrados com maestria Lucas quer tornar enunciados abstratos compreensíveis para os leitores.

Em cada uma das histórias narradas com dramaticidade ele visa expor "o avanço sempre exitoso da missão cristã, que nenhuma potência do mundo é capaz de deter seriamente, e a superioridade dos seus representantes, que é notória em toda parte" (PLÜMACHER, p. 101).

Valendo-se de argumentos teóricos Lucas dificilmente teria podido transmitir com credibilidade a grande eficácia da proclamação de Jesus diante do poder estatal, diante dos representantes da cultura grega e diante do culto aos deuses gregos. Isso só se consegue fazer por meio de histórias marcantes. O que não quer dizer que Lucas inventou as histórias. Ele tinha um senso para saber quais eram as histórias mais adequadas para descrever a essência do que é ser cristão.

No entanto, Lucas não só narrou histórias. A exemplo do que faziam também os autores helenistas, seguidamente ele entremeou as ações com discursos. Nesses discursos ele se adaptou muito bem aos respectivos ouvintes. Para os judeus

---

[1] As passagens bíblicas são citadas de acordo com a *Bíblia Sagrada*. 51. ed. Petrópolis: Vozes, 2012. Em caso de discrepância com o texto alemão, acompanha-se o texto alemão [N.T.].

ele falou uma linguagem que eles entendiam. Nesse caso, ele não usou a linguagem helenista erudita, que se orientava na tradução grega do Antigo Testamento, a Septuaginta.

Ele se valeu de um estilo mais arcaico. Diante dos gentios cultos, Lucas recorreu a citações da literatura e filosofia gregas. Ele quis mostrar que a mensagem cristã é o cumprimento da filosofia grega. Para os gregos, o mais importante era a *gnôsis*, o conhecimento. Lucas mostrou que a mensagem cristã pode transmitir aos filósofos um conhecimento mais profundo e que até aquele momento não existia. A maneira como Lucas, na condição de grego, travou o diálogo entre a espiritualidade judaico-cristã e a filosofia grega – ou melhor, o pensamento helenista – constitui um desafio também para mim, visando refletir como podemos proclamar nossa fé no mundo pós-moderno. Trata-se de um diálogo com o espírito da época e, ao mesmo tempo, sobre a essência do que é ser cristão. Como proclamar a mensagem cristã para o ser humano de hoje? Essa também foi a intenção de Lucas: anunciar a mensagem cristã diante dos gregos cultos. Deveríamos reaprender hoje, em nossa proclamação, esse anúncio que distingue Lucas.

Não tenho a pretensão de explicar cientificamente os Atos dos Apóstolos. Não disponho de conhecimento exegético para isso. E, como mostram os comentários exegéticos, para realizar uma análise completa é necessário que haja um ramo autônomo de pesquisa. Eu estudei os comentários exegéticos; porém, tendo a teologia científica como pano de fundo, contento-me em explicar algumas narrativas dos Atos dos Apóstolos de tal maneira que, de um lado, elas se tornem para mim imagens de uma espiritualidade cristã e imagens da individuação humana, e, de outro lado, também apontem maneiras pelas quais podemos anunciar nossa fé cristã para as pessoas de hoje com uma nova linguagem.

O livro dos Atos dos Apóstolos nos mostra, ao mesmo tempo, uma imagem de igreja que pode servir de modelo também para nós hoje. Em toda a história da Igreja se repetiram fases em que aflorou a saudade da Igreja primitiva. Faria bem para nós se sentíssemos saudade do modo como a primeira Igreja conviveu e como ela atuou para fora. Isso pode nos revelar maneiras de nos mostrarmos hoje como Igreja neste mundo.

Os exegetas nos dizem que os Atos dos Apóstolos estavam direcionados para dois objetivos. O primeiro era descrever o anúncio da primeira Igreja. Jesus atua por meio do Espírito Santo, que atuou nos apóstolos e deu continuidade à obra da redenção e cura no decorrer da história. A atuação de Jesus prosseguiu depois de sua ressurreição. Nos Atos dos Apóstolos Lucas quer mostrar que a atuação de Jesus não se restringiu ao estreito território da Palestina. Seus apóstolos levaram sua mensagem até Roma, para que o mundo inteiro ficasse impregnado do Evangelho e fosse transformado por ele. O nosso desafio, hoje, também é como levar o Espírito de Jesus para dentro do nosso mundo. E só poderemos fazer isso se, a exemplo de Lucas, travarmos diálogo com o ser humano – com os intelectuais, com os artistas, com as pessoas simples – em seu anseio por uma vida bem-sucedida.

> Lucas entende o tempo da Igreja como parte da história da salvação que ele se propõe a narrar como historiador teológico (PESCH, vol. 2, p. 314).

Lucas não é simplesmente historiador, mas teólogo da história. Para Lucas, a história da Igreja é expressão do agir de

Deus. É o Espírito Santo que estimula os apóstolos; ele às vezes lhes coloca obstáculos no caminho, mas também os capacita para proclamar a mensagem de Jesus em todo o mundo.

Se transpusermos a teologia da história de Lucas para a nossa época nos depararemos com a pergunta: Em que medida a situação da Igreja hoje é um agir de Deus? Falamos com frequência que a dimensão cristã está se retirando da sociedade, que a Igreja está encolhendo. E nosso falar está marcado mais pela resignação do que pelo otimismo que anima a exposição lucânica da expansão da fé no mundo daquele tempo. Mas como podemos reconhecer o que acontece hoje – incluindo os obstáculos que as Igrejas põem no próprio caminho – como agir do Espírito Santo? O que o Espírito Santo quer dizer hoje para nós cristãos? Como devemos interpretar teologicamente a história dos últimos séculos? Rudolf Pesch expressou a seguinte opinião:

> Nenhum teólogo e escritor – especialmente da Era Moderna – se mostrou à altura do empreendimento de Lucas; ou seja, de narrar e interpretar teologicamente a história da salvação pós-jesuânica (PESCH, vol. 2, p. 315).

Apesar disso, constitui um desafio identificar também hoje os sinais dos tempos e perceber a atuação do Espírito Santo na Igreja e no mundo.

O segundo objetivo dos Atos dos Apóstolos foi mostrar como a Igreja lentamente se desvinculou da comunidade judaica. Primeiro Pedro falou aos judeus e lhes explicou, com o auxílio da teologia do Antigo Testamento, o mistério de Jesus Cristo. E Paulo sempre se dirigiu primeiramente aos judeus. A primeira comunidade cristã em Jerusalém foi judaico-cristã. Os cristãos de origem judaica associaram a mensagem de Jesus à tradição judaica, na qual eles e o próprio Jesus cresceram. Paulo sempre foi primeiramente às sinagogas e proclamou nelas o Evangelho; ele anunciou entre os judeus o Evangelho de Jesus Cristo. Seguidamente, judeus isolados foram convencidos pela mensagem de Jesus a aderirem a ela. Porém, a grande maioria dos judeus rejeitou essa mensagem. E assim, os Atos dos Apóstolos fundamentam a transição da comunidade judaico-cristã para a comunidade na qual judeus e gregos viviam juntos a fé em Jesus Cristo. A mensagem de Jesus vale para todas as pessoas, tanto para gregos quanto para judeus. Quando Lucas fala dos gregos, ele tem em mente os tementes a Deus entre eles; ou seja, pessoas que se interessam pela espiritualidade judaica. Mas ele se dirige também aos gregos com formação filosófica, que ainda não haviam entrado em contato com a espiritualidade judaica. Às vezes também havia entre os gregos pessoas que hoje chamamos de pagãs: as que praticam cultos estranhos e muitas vezes se caracterizam pela superstição.

Quando leio e medito os Atos dos Apóstolos não gosto de interpretar historicamente esse segundo propósito. Para mim, os judeus são, antes, uma imagem para as pessoas que hoje estão marcadas pela Igreja; ou seja, para quem está por dentro da fé cristã. E os gregos representam para mim, por um lado, as pessoas que se interessam pela espiritualidade; e, por outro, também as pessoas com formação intelectual, que buscam uma resposta para as suas questões existenciais. Eles representam ainda as pessoas que aderiram a mensagens esotéricas. Para mim, trata-se, portanto, da questão referente ao que significam as narrativas e os discursos dos Atos dos Apóstolos para nós hoje. Os Atos dos Apóstolos são, para mim, o convite para refletir hoje sobre a maneira como podemos proclamar a fé, de tal maneira que não só os membros ativos das comunidades cristãs se sintam incluídos no discurso, mas também as pessoas que buscam respostas para suas perguntas na filosofia, na psicologia, nas religiões orientais ou no esoterismo. Como podemos proclamar a mensagem central de Jesus para as pessoas de hoje, com sua maneira muitas vezes bastante diferente de ver a vida, de tal modo que fiquem tão fascinadas por Cristo como evidentemente ficaram na época em que Pedro e Paulo pregaram?

Hoje não se trata tanto do conflito entre a interpretação judaica e a cristã, mas de um bom diálogo. Como podemos falar com os judeus sobre Jesus Cristo? Como podemos tornar a mensagem de Jesus compreensível para os pagãos? Como podemos travar um bom diálogo com outras religiões? Este é um dos propósitos: o diálogo com os judeus e com outras religiões.

O outro propósito é: Como podemos proclamar a mensagem de Jesus aos *insider* – ou seja, aos que estão totalmente enraizados na tradição cristã – que, para mim, são representados pelos judeus nos Atos dos Apóstolos? E como podemos proclamar a mensagem de Jesus aos que não têm (mais) noção alguma da tradição cristã? Os pagãos eram, naquela época, os não judeus ou os não tementes a Deus. Hoje consideraríamos pagãos aqueles que têm dificuldades com a fé. Não só os ateus, mas todas as pessoas que se distanciaram da Igreja.

Leio os Atos dos Apóstolos tendo como pano de fundo a seguinte pergunta: Como posso proclamar o Evangelho às pessoas que encontro nos meus cursos e nas minhas palestras? Quando, às vezes, passeio a pé por uma cidade sempre me pergunto: Como posso falar de Jesus Cristo para as pessoas que passam por mim no calçadão? A mensagem de Jesus interessa a essas pessoas ou lhes é indiferente?

Assim, eu gostaria de explicar as narrativas mais importantes dos Atos dos Apóstolos com o auxílio dos comentários exegéticos. Baseio-me sobretudo nos comentários de Ernst Haenchen, Franz Mussner, Gerhard Schneider, Rudolf Pesch e Josef Zmijewski. Mas também gostaria de meditar sobre essas narrativas, sempre tendo em vista, nós hoje, e perguntar: O que elas querem dizer para mim e para as pessoas com quem encontro?

1
O sentido da ascensão de Jesus ao céu

Há exegetas que ficam chocados porque no seu Evangelho Lucas diz que Jesus subiu ao céu já na noite do domingo de Páscoa, mas nos Atos dos Apóstolos isso só acontece quarenta dias depois de sua ressurreição. Lucas pode contar a mesma história duas vezes de maneira totalmente diferente porque em cada uma das ocasiões ele tem um propósito diferente. No Evangelho, a ascensão finaliza o acontecimento da ressurreição. Nos Atos dos Apóstolos, Lucas enfatiza que o próprio Jesus ensinou seus discípulos e lhes deu instrução a respeito do modo como devem transmitir a fé e percorrer o mundo inteiro para dar testemunho de sua ressurreição. Para dar esse ensinamento Jesus precisou de quarenta dias.

Quarenta dias foi o tempo em que Moisés permaneceu no Monte Sinai para ouvir de Deus a orientação sobre o que deveria proclamar ao povo de Israel. Durante quarenta dias Jesus ensinou aos discípulos a nova lei, o Evangelho, para que o proclamassem a todo o mundo. Só depois de ter instruído devidamente seus discípulos Jesus se despediu, sendo elevado ao céu. Com essa narrativa da ascensão Lucas quer nos mostrar que Jesus está pessoalmente no meio de sua Igreja; Ele é o seu mestre e proclama sua mensagem ao mundo todo por meio dos discípulos, impulsionando também a proclamarmos a fé no mundo inteiro. E o fato de ser recebido no céu mostra que Jesus agora está assentado à direita de Deus e é Senhor de toda a humanidade (cf. At 10,36); no céu Ele está presente para toda a humanidade.

O outro propósito da narrativa da ascensão em Atos dos Apóstolos é a direção para a qual os cristãos devem olhar. Quando Jesus foi recebido no céu, dois homens vestidos de branco estavam parados junto aos discípulos (At 1,10). Eles explicaram aos discípulos o acontecimento da ascensão e lhes mostraram em que consiste ser cristão. Lucas narra algo parecido em seu evangelho. No sepulcro havia dois homens com roupas brilhantes que explicaram para as mulheres o mistério da ressurreição. Eles disseram a elas:

> Por que procurais entre os mortos quem está vivo? Ele não está aqui, mas ressuscitou! Lembrai-vos do que vos falou quando estava ainda na Galileia (Lc 24,5-6).

Portanto, as mulheres não devem olhar para o passado, não devem procurar Jesus em letras mortas, mas devem se lembrar do que Jesus disse. Essa é a mensagem que elas devem passar adiante. Portanto, a fé vive da memória, mas essa memória quer ser proclamada no presente para transformá-lo, bem como transformar em vitalidade tudo o que está morto dentro de nós. Na ascensão os dois homens disseram aos discípulos:

> Galileus, por que estais olhando para o céu? Esse Jesus, que foi elevado ao céu de vosso meio, voltará assim como o vistes subir para o céu (At 1,11).

Após a ressurreição de Jesus os discípulos não devem ficar olhando para cima, mas voltar-se para a terra. Esse Jesus voltará. Mas eles não devem se fixar na pergunta "Quando ele voltará?" Pelo contrário, eles devem se dedicar ao tempo presente. Agora é hora de testemunhar esse Cristo no mundo e transformar o mundo por meio desse testemunho. Portanto, poderíamos interpretar a mensagem da ascensão com as palavras de Nietzsche: "Irmãos, permaneçam fiéis à terra!" Os cristãos são responsáveis por esta terra. A espiritualidade não consiste em ficar só olhando para cima e esperar pelos milagres que Deus tem preparado para nós. O que importa é voltar-se para a terra e proclamar na terra a mensagem de Jesus. Mas isso também quer dizer que devemos estudar as pessoas que vivem no mundo e ouvir suas perguntas, para que possamos dar uma resposta adequada a partir da mensagem de Jesus.

2
A oração da comunidade

Após a ascensão, os onze discípulos se retiram para Jerusalém. Eles permanecem no pavimento superior de sua casa e oram juntos. Mas não estão sozinhos; da comunidade original fazem parte também as mulheres que acompanharam Jesus, a mãe e os irmãos de Jesus; ou seja, a família de Jesus. A respeito de todos estes se diz:

> Todos permaneciam unânimes na oração (At 1,14).

Lucas, como nenhum outro evangelista, descreveu Jesus como homem de oração. Em todas as situações importantes Jesus se retirava para orar. Em seu Evangelho Lucas quis dizer o seguinte com isso: nós, cristãos, podemos entender melhor Jesus e ficar parecidos com Ele se orarmos. Na oração reconhecemos quem é Jesus; na oração entramos em contato com o Espírito de Deus, que se tornou palpável por meio de Jesus. Os Atos dos Apóstolos enfatizam repetidamente a oração dos discípulos e a oração da comunidade.

Lucas nos dá a impressão de que os discípulos de Jesus oravam o tempo todo e em todo lugar.

> Eles oravam em toda e qualquer ocasião sem se cansar ou desanimar. Sua perseverança se nutria da confiança em um Deus cuja paternalidade e bondade lhes haviam sido reveladas de maneira singular por Jesus (DUPONT, p. 261).

Outro aspecto de sua oração é a dimensão comunitária. Eles também se encontravam frequentemente para orar juntos e vivenciavam a si mesmos, na oração conjunta, como comunidade de Jesus Cristo, como Igreja.

A Igreja experimenta sua identidade na oração, e a oração é unânime. Isso pode ser interpretado assim: por meio da oração os diferentes grupos na Igreja assumem a forma de uma só comunidade. Os antagonismos entre os discípulos e a família de Jesus – como ainda transparecem em Mc 3 – são superados em oração. A oração é o caminho para unir as diferentes tendências presentes na Igreja, pois nela olhamos juntos para Deus. E nesse olhar comum para Deus são relativizados os antagonismos teológicos e espirituais; Ele é a ponte lançada sobre os fossos psíquicos que separam as pessoas de caráter e origem diferentes. A oração capacita a comunidade para tomar as decisões corretas.

Imediatamente após a oração conjunta no pavimento superior, Lucas relata a escolha de Matias para ser apóstolo (At 1,15-26). Depois de apresentarem dois candidatos, eles oraram novamente:

> Depois oraram assim: "Senhor, Tu que conheces os corações de todos, mostra qual destes dois escolheste" (At 1,24).

Hoje a Igreja também precisa da oração para saber como reagir às aflições do mundo; a oração abre os olhos para ver as verdadeiras necessidades das pessoas.

Eu gostaria de acrescentar outra cena relacionada à oração. Pedro e João foram mantidos na prisão durante a noite. Na manhã seguinte foram interrogados pelos sumos sacerdotes. Estes lhes ordenaram que nunca mais falassem de Jesus. No entanto, os discípulos lhes responderam:

> Não podemos deixar de falar do que vimos e ouvimos (At 4,20).

Os discípulos foram soltos e se dirigiram para onde estavam seus companheiros. A comunidade interpretou o acontecimento em vista do Sl 2, pois agora judeus e pagãos se aliaram contra Jesus e passaram a combater também os cristãos. Então a comunidade orou assim:

> Agora, Senhor, olha para as ameaças deles e concede aos teus servos que anunciem corajosamente a tua palavra. Estende a mão para que se realizem curas, sinais e prodígios pelo nome do teu santo servo Jesus (At 4,29-30).

Ou seja, os discípulos oraram para que Deus lhes desse força suficiente para resistir à opressão do mundo hostil e também para que Deus curasse por meio deles. A oração os fortalecia na opressão e lhes dava a esperança de que, por meio deles, acontecessem sinais e milagres. Lucas descreve o efeito da oração com imagens oriundas da espiritualidade helenista:

> Depois de rezarem, tremeu o lugar onde estavam reunidos (At 4,31).

O tremor do local é sinal de que a oração foi ouvida. Ernst Haenchen comenta assim esse texto:

> Lucas ilustra o acolhimento da oração para seus ouvintes helenistas com um recurso de expressão que ele ousou tomar da espiritualidade pagã. Essa liberdade autoral lhe foi sugerida pelo fato de a mensagem cristã ter penetrado no círculo da formação e espiritualidade helenistas (HAENCHEN, p. 187).

No espírito de Lucas hoje também podemos narrar o efeito da oração por meio de imagens que provêm da física quântica ou da teoria dos campos: o efeito da oração chega até a matéria; algo começa a vibrar; o mundo se transforma. A oração não fica sem consequências; ela penetra até a matéria, de modo que todo o lugar começa a vibrar. Mas a oração ainda tem outro efeito: aqueles que rezam são preenchidos pelo Espírito Santo e ganham coragem para proclamar a palavra de Deus com toda a liberdade; eles fazem isso sem medo de serem oprimidos pelas demais pessoas.

Essas duas abordagens da oração querem nos convidar, hoje, a confiar no poder que ela tem. A oração pode unir também a nós e põe algo em movimento no mundo. Lucas quer que nós, cristãos, tenhamos autoconfiança. Nossa oração não fica sem consequências e põe o mundo em movimento. Ela pode provocar iniciativas políticas, amolecer frentes de batalha enrijecidas; nos encorajar a atuar de um jeito diferente no mundo, com confiança e grande liberdade interior. A oração é, ao mesmo tempo, a fonte de fortaleza dos cristãos. Quando rezam juntos, um pequeno grupo de orantes pode transformar o mundo inteiro, e foi isso que experimentou o pequeno grupo dos discípulos e das mulheres. E nos dias atuais também devemos confiar nisso; então, o nosso desânimo terá fim. Teremos a confiança de interceder em oração por este mundo e de lutar por mais justiça e amor.

3

A nova língua em Pentecostes

Lucas descreve o evento de Pentecostes, de um lado, como cumprimento. Nesse dia se cumpriu o que Jesus prometera aos seus discípulos:

> Recebereis uma força, o Espírito Santo, que virá sobre vós; e sereis minhas testemunhas em Jerusalém, em toda a Judeia e Samaria, até os confins da terra (At 1,8).

Em Pentecostes também se confirma a promessa dos profetas, sobretudo a do Profeta Joel, que Pedro cita em seu discurso. O 50º (Pentecostes) dia contém esse significado, pois 50 é o número do arredondamento e também do amor que deseja nos preencher e transformar. No 50º dia completa-se o acontecimento da ressurreição. Foi quando os discípulos de repente receberam a coragem de se levantar e comparecer diante das pessoas como testemunhas de Jesus.

De outro lado, Lucas descreve o acontecimento de Pentecostes como evento linguístico. O Espírito Santo desceu em "línguas de fogo". Isso capacita os apóstolos a "falarem em outras línguas" (At 2,4). As pessoas presentes, oriundas de diversos povos, ficaram atônitas,

> pois cada um os ouvia falar na sua própria língua (At 2,6).

Elas ficaram maravilhadas porque os apóstolos eram todos galileus e, apesar disso, todas elas os entendiam. Elas tiveram a sensação de que os apóstolos falavam na língua materna de cada uma delas. Literalmente está escrito: "no dialeto em que nascemos" (At 2,6). Em alemão fala-se da língua materna como a que nutre, do mesmo modo como faz o leite materno. A língua materna nos dá a sensação de abrigo, aceitação, relação. Lucas fala de dialeto, que sempre designa uma língua dialógica, na qual se trata de relação e encontro.

Portanto, os discípulos falavam uma língua que as pessoas entendiam. Os ouvintes tinham a sensação de que ali alguém estava falando a sua língua; a língua materna que os nutria e cuidava deles. Porém, não se tratava de uma língua que apenas repetia a língua materna. Pelo contrário, ela proclamava, na língua materna, "os grandes feitos de Deus" (At 2,11). A arte da língua religiosa consiste em falar de Deus na língua materna de tal modo, que as pessoas entendem o que está sendo dito. Porém, não devemos falar teoricamente sobre Deus, e sim sobre as grandes coisas que Ele faz conosco.

A nova língua com que o Espírito Santo nos presenteia quer percorrer o mundo inteiro; ela quer transformar o mundo inteiro. No mundo, muitas vezes se usa uma linguagem fria, condenatória, divisionista, ofensiva. A língua falada por Jesus foi acalentadora. Os discípulos de Emaús disseram:

> Não nos ardia o coração quando pelo caminho nos falava? (Lc 24,32).

Os Pais da Igreja diziam: com a língua construímos uma casa (cf. AMBRÓSIO. *Sobre Abraão* II,1). Com a língua para a qual as "línguas de fogo" nos capacitam construímos uma casa na qual as pessoas se sentem aceitas e compreendidas, e não uma casa fria na qual passam frio porque nela só se fala uma língua fria e ofensiva. O milagre das línguas em Pentecostes é para nós, hoje, um convite para encontrarmos no Espírito Santo uma língua que toca o coração das pessoas. Uma língua que as aquece como o fogo que se une às línguas.

Lucas descreve concretamente que aparência pode ter essa proclamação dos grandes feitos de Deus ao fazer com que Pedro profira uma prédica mais extensa. As prédicas que Lucas repetidamente compõe nos Atos dos Apóstolos são obra sua; elas interpretam os acontecimentos e são proclamação da mensagem de Jesus Cristo, sempre seguindo um esquema parecido.

Pedro ou Paulo partem de uma situação concreta. Em seguida, eles falam da atuação de Jesus, de sua morte violenta e de sua ressurreição por Deus – Deus confirmou Jesus por meio da ressurreição como Senhor e Redentor do mundo. Agora Ele está assentado à direita de Deus e é Senhor sobre o mundo. Em seu nome as pessoas podem experimentar cura e redenção. Depois vem uma prova escriturística que satisfaz o entendimento dos ouvintes. Essa prova escriturística é resultado de um longo esforço teológico dos primeiros cristãos para fundamentar o acontecimento de Jesus a partir dos escritos do AT e provar que tudo foi efetuado por Deus. Então segue-se uma exortação que conclama os ouvintes a se arrependerem e a se deixarem batizar. Nas prédicas, Lucas explica a teologia da sua época de tal maneira que os respectivos ouvintes conseguem entendê-la. Logo, o pregador sempre se adapta aos ouvintes e ao seu horizonte de compreensão.

Na pregação de Pentecostes Pedro interpreta o falar extático em línguas por parte dos discípulos como cumprimento do que prometeu o Profeta Joel. Agora é o tempo do fim, o tempo no qual será cumprido tudo o que os profetas prometeram. Pedro interpreta por meio das palavras do profeta o milagre das línguas e o fato de certos galileus sem formação de repente falarem todas as línguas. O escritor Lucas acha importante nesse texto do Profeta Joel que serão abolidas as diferenças entre jovem e velho, entre homens e mulheres e entre senhores e escravos. Todos se tornarão profetas, "vossos filhos e vossas filhas"; os jovens e os velhos terão visões e sonhos e Deus derramará seu Espírito sobre servos e servas.

> Nessa citação de Joel se anuncia o programa de contraste social e religioso revolucionário, por ser igualitário, da primeira fase do cristianismo original, como mencionado também por Paulo em Gl 3,28: não é o gênero, nem a origem, nem o *status*, mas tão somente do dom do Espírito prometido no batismo que produz o pertencimento à comunidade (ETTL, p. 38).

Após a interpretação do evento de Pentecostes Pedro prega a respeito de Jesus. Ele acusa os judeus de terem pregado Jesus na cruz com a ajuda de gente sem lei. Porém, ele imediatamente os desculpa, apontando para a vontade e presciência de Deus. Os judeus acabaram fazendo o que Deus havia decidido desde o início dos tempos. Deus deu uma resposta bem própria à morte de Jesus, pois Ele "o ressuscitou, livrando-o das angústias da morte, pois não era possível que a morte o man tivesse em seu poder" (At 2,24). Na sequência, Pedro justifica por que Jesus não podia permanecer na morte, explicando o Sl 16. O que aconteceu na ressurreição de Jesus há muito já havia sido previsto nos Salmos. Ao meditar sobre o Sl 16 Pedro pôde mostrar que a ressurreição de Jesus corresponde à esperança da fé de Israel. Também é nossa tarefa pregar de tal maneira que as pessoas sintam isto: o que nós narramos a respeito de Jesus corresponde ao seu mais profundo anseio, que isso satisfaz seu anseio. Não estamos falando de algo totalmente estranho, mas daquilo que cada qual anseia no fundo de sua alma.

Pedro prega de maneira a tocar fundo o coração dos ouvintes. Ele não quer lhes dar lições, mas fala de tal maneira ao seu coração que eles próprios reagem com a pergunta típica da filosofia grega:

O que devemos fazer? (At 2,37).

Pedro não moraliza, fazendo com que os ouvintes tenham a consciência pesada. Ele responde a sua pergunta pelo que devem fazer, dando-lhes duas respostas: eles devem se arrepender e ser batizados no nome de Jesus. Arrepender-se é *metanoein* em grego e significa propriamente repensar. Os ouvintes devem questionar sua maneira de pensar até aquele momento e refletir de outra maneira sobre si mesmos e sua vida. Eles devem manifestar esse repensar pelo rito do batismo. No batismo eles aderem à comunidade dos discípulos de Jesus; sua nova vida precisa da comunidade.

O arrependimento e o batismo fazem com que as pessoas sejam salvas "desta geração perversa" (At 2,40). Ser cristão significa uma nova existência; uma existência na qual não somos determinados pelos parâmetros do mundo, na qual nos libertamos do que hoje se pensa e faz. Nessa nova existência nos tornamos sãos e íntegros, chegamos ao nosso verdadeiro eu. A palavra grega *sôthete* (sejam salvos), usada por Lucas aqui, quer dizer exatamente isto: que o ser humano encontra seu verdadeiro eu, e este é preservado. Nessa palavra torna-se visível a luta por uma nova humanidade, uma nova *humanitas*. O que se quer é que os cristãos vivam a existência humana original em meio a essa geração que se perdeu e se corrompeu interiormente. E ser cristão significa não só crer, mas também tornar-se o novo ser humano que Jesus apresentou em sua existência e no qual Ele quer nos converter.

Quando nos arrependemos recebemos duas promessas, e essas duas promessas descrevem essa nova existência humana: experimentamos o perdão dos pecados e o Espírito Santo nos é presenteado. O perdão dos pecados não é vinculado à morte de Jesus; Lucas não menciona qualquer teoria da expiação. É o batismo que nos transmite o perdão dos pecados; no rito de lavagem do batismo podemos experimentar que os pecados são como que lavados de nós. No batismo pode-se experimentar o que Jesus constantemente proclamou: Deus perdoa os nossos pecados.

Jesus atestou essa mensagem do perdão dos pecados com sua morte. O batismo nos liberta do passado, no qual muitas vezes nos enredamos em mentiras sobre nossa vida; ele nos possibilita um novo começo, libertando-nos de constantes autorrecriminações. E no batismo recebemos o Espírito Santo, fazendo a mesma experiência que observamos nos discípulos em Pentecostes, tornando-nos livres de tudo o que nos oprime. Ficando livres de nosso temor, ganhamos coragem para comparecer diante de outras pessoas e falar de Deus para elas; recebemos um poder que nos fortalece em nosso caminho.

O Espírito Santo nos converte inteiramente no ser humano que Deus concebeu quando insuflou seu fôlego no primeiro ser humano – o ser humano só se torna verdadeiro quando está cheio do Espírito de Deus. E esse Espírito de Deus pode ser experimentado concretamente em Jesus. É um Espírito de amor e reconciliação. A exemplo do que aconteceu com os discípulos em Pentecostes, o Espírito Santo nos capacita para uma nova língua; uma língua que toca o coração das pessoas; uma língua que todas as pessoas entendem, porque as coloca em contato com a sabedoria de sua alma, que Deus lhes presenteou.

Esse enunciado também é importante para nós. Nossa mensagem pode perfeitamente chamar as pessoas ao arrependimento, mas não devemos simplesmente afirmar-lhes a maneira como estão vivendo; não abordá-las de maneira moralizante, mas apontar-lhes os efeitos positivos do ato de repensar. Isso leva à libertação do passado – que é o sentido propriamente dito do perdão dos pecados – e nos presenteia com a dádiva do Espírito Santo pela qual nos são concedidas novas capacidades. Portanto, o arrependimento está sempre associado a uma promessa, e essa promessa se refere à dádiva do Espírito Santo e à cura e salvação operadas por Ele. Assim, a pregação de Pedro em Pentecostes é um convite para aprender uma língua que toca o coração das pessoas e o torna receptivo para o mistério de Jesus Cristo. Uma língua que lhes proclama Jesus Cristo de tal maneira que este evoque e satisfaça seus anseios mais profundos.

4

Crer juntos

Lucas descreve o quadro ideal da Igreja mais antiga em duas passagens:

> E todos que tinham fé viviam unidos, tendo todos os bens em comum. Vendiam as propriedades e os bens e dividiam o dinheiro com todos, segundo as necessidades de cada um. Todos os dias se reuniam, unânimes, no templo. Partiam o pão nas casas e comiam com alegria e simplicidade de coração. Louvavam a Deus e gozavam da simpatia de todo o povo (At 2,44-47).

O fascínio que os primeiros cristãos exerceram sobre o entorno social foi condicionado pelo fato de formarem uma comunidade na qual tinham tudo em comum e repartiam seus bens entre si. Surgiu assim uma primeira comuna cristã que mais tarde se tornou protótipo de muitas comunas. No entanto, a comunhão de bens foi só um dos aspectos da comunidade cristã original. Outro aspecto é que ela perseverou na doutrina dos apóstolos (At 2,42); ou seja, as pessoas se uniram em torno da mesma doutrina.

Às vezes, no entanto, o magistério da Igreja não constituiu uma força de união, mas principalmente de divisão. Lucas exorta os cristãos a se aterem à mensagem dos apóstolos. Porém, ele entende por doutrina dos apóstolos "algo vivo, dinâmico [...] e não um sistema doutrinário" (ZMIJEWSKI, p. 158). Mesmo que essa mensagem possa ser interpretada diferentemente, houve já na primeira Igreja a necessidade de resumir a fé em uma confissão de fé. Todos poderiam falar as mesmas palavras e interpretá-las de modo pessoal.

Outra característica da primeira Igreja foi sua oração e sua liturgia. Eles oravam unânimes no templo. Na oração, tornavam-se um só e faziam as refeições em suas casas. Eles partiam o pão; quer dizer: celebravam a Eucaristia uns com os outros; eles celebravam repetidamente com Cristo a ceia que Ele os havia incumbido de celebrar e na qual Ele estava presente no meio deles. Ao partir o pão reconheciam Jesus, a exemplo do que tinha acontecido com os discípulos de Emaús (Lc 24,30-31), e experimentavam o mistério de sua entrega em sua morte. Essa entrega de Jesus era celebrada pelos cristãos quando partiam o pão. E, ao celebrar sua entrega, eles se sentiam amados por Cristo. Essa celebração foi marcada pela unanimidade, alegria e simplicidade de coração. Quando Lucas fala da simplicidade de coração, ele se refere ao ideal da filosofia estoica, que considerava a *haplótes*, a singeleza ou a clareza interior, como imagem para o ser humano maduro. A simplicidade de coração serve para dizer que uma pessoa não possui segundas intenções egocêntricas, que ela tem clareza de si e é íntegra consigo mesma e, assim, também pode ser una com irmãos e irmãs. Portanto, os primeiros cristãos preenchiam o ideal da *humanitas*, como foi propagado naquela época pela filosofia estoica.

Esse ser um só é enfatizado novamente na segunda descrição da primeira Igreja:

> a comunidade dos crentes era um só coração e uma só alma (At 4,32-37).

Nesta frase Lucas alude a formulações da Septuaginta e, ao mesmo tempo, a afirmações dos filósofos gregos Platão e Aristóteles. Portanto, Lucas descreve a comunidade original como cumprimento tanto do anseio dos judeus quanto dos gregos. A primeira Igreja realizava o ideal judeu e o ideal grego de comunidade, e a unidade se expressava no fato de todos terem tudo em comum, que a comunidade cuidava dos necessitados. A propriedade não era mais algo que separava, mas servia a todos para que ninguém precisasse passar necessidade. Mas essa unidade ia mais fundo. Tratava-se de uma unidade interior de todos os cristãos no fundo de sua alma; em seu coração eles estavam unidos entre si – um só coração e uma só alma.

Um terceiro ponto expressa, ao lado da unanimidade, ainda outro aspecto da primeira Igreja; ou seja, a dimensão terapêutica da fé:

> Muitos eram os sinais e prodígios que se realizavam entre o povo pelas mãos dos apóstolos (At 5,12-16).

Lucas acha que não foi só Pedro quem curou, mas que todos os apóstolos curaram; da própria comunidade partia algo terapêutico. Nesse sentido Lucas chega a descrever Pedro como um *theîos anér*, um "homem divino", segundo o concebiam os gregos:

> Chegaram ao ponto de trazer para a rua os doentes, colocando-os nos leitos e em macas para que, quando Pedro passasse, ao menos sua sombra os cobrisse (At 5,15).

A primeira comunidade satisfez também o anseio expresso pelos gregos quando narravam a respeito de "homens divinos" que podiam curar outras pessoas só com sua sombra. Não precisamos entender literalmente essa narrativa milagrosa. Porém, o sentido está claro para nós, também hoje. Nossa fé tem uma dimensão terapêutica que visa fazer bem ao ser humano, e a comunidade cristã, enquanto tal, é capaz de ter um efeito curativo sobre as pessoas.

Os exegetas concordam que aqui Lucas está idealizando a imagem da comunidade original. Porém, ele não é ingênuo a ponto de não estar ciente do perigo ao qual a comunidade está exposta. A história de Ananias e Safira mostra bem isso. Eles não foram repreendidos por terem retido para si uma parte do valor de venda da propriedade, mas por terem enganado a comunidade. Lucas reconhece os conflitos internos de uma comunidade; porém, evidentemente, toda a comunidade também precisa de uma idealização dos primeiros tempos para estar sempre lembrada da possibilidade de ser melhor. Não se trata de nostalgia, como se antigamente tudo tivesse sido melhor, mas é uma imagem de esperança de como as coisas poderiam ser também hoje e de como elas às vezes até se tornam visíveis. Em meio a todas as decepções reluz algo de uma comunidade que celebra e canta unida o culto a Deus; então, um só coração e uma só alma se fazem sentir.

Traduzindo esses pontos para o nosso tempo, vejo neles um desafio para nós como Igreja e como crentes: não temos fé sozinhos; a fé, como foi entendida pela primeira Igreja, congrega as pessoas e possibilita uma nova convivência; nas palavras de Lohfink: a fé cria uma cultura própria de convivência. E isso é justamente um aspecto central em nossa época de individualização e fragmentação de comunidades. Como podemos, nós cristãos, que temos um caráter tão diferenciado quanto os membros da comunidade original, oriundos de diferentes contextos, de distintas tradições espirituais viver e crer juntos? A convivência convence as pessoas de hoje. Eu, por exemplo, vivo em um mosteiro. As pessoas não olham só para o que nós monges dizemos, mas também para o modo como convivemos. Conviver é um teste para ver se nossa fé está correta ou não, e isso vale exatamente a mesma coisa para as comunidades cristãs. Um teste para avaliar se o culto a Deus está imbuído do Espírito de Jesus é o modo como os membros da comunidade se tratam mutuamente. Isso também vale para as famílias. Conheço homens e mulheres que vão todo domingo à igreja; porém, em casa, eles deixam correr solto seu egoísmo ou seus conflitos interiores não resolvidos. Passam a impressão de que a fé não tem força para moldar sua convivência. Hoje Lucas nos convida a viver nossa fé de tal maneira que as pessoas sejam capazes de reconhecer em nossa convivência que o Espírito de Jesus está no meio de nós.

5

Experiências de ressurreição

No Tempo da Páscoa os Atos dos Apóstolos sempre são usados como texto litúrgico. Isso tem sua razão de ser, pois os Atos dos Apóstolos têm uma teologia da ressurreição bastante peculiar. Essa teologia fica evidente nos discursos de Pedro, mas também é narrada nos prodígios que os apóstolos realizam. Assim, o mistério da ressurreição se torna visível em todas as experiências de mudança de destino; por exemplo, quando o cativeiro é convertido em liberdade ou quando a perseguição resulta em maior disseminação da fé.

Lucas narra a primeira experiência de ressurreição na cura do paralítico no templo de Jerusalém. Ele pedia esmolas na porta Formosa. Todavia, Pedro olhou para ele e disse:

> Não tenho nem ouro nem prata, mas o que tenho eu te dou; em nome de Jesus Cristo Nazareno, põe-te a caminhar! (At 3,6).

Os judeus que estavam no templo viram o prodígio. E assim, com a ajuda desse prodígio, Pedro pode lhes explicar o mistério de Jesus Cristo em sua prédica. Nela Lucas tenta transmitir sua teologia da morte e ressurreição de Jesus em concepções e imagens judaicas. Foi o Deus de Abraão, de Isaac e de Jacó que glorificou seu servo Jesus na ressurreição. A cura do paralítico aconteceu por meio de Jesus, a quem Deus ressuscitou dos mortos. Mediante a ressurreição, Jesus se tornou o verdadeiro médico dos seres humanos; em seu nome as pessoas podem ser curadas.

Na prédica de Pedro, Lucas explica a ressurreição de Jesus em uma linguagem que os judeus entendem, tentando conquistá-los. Ele desculpa seu comportamento diante de Jesus como "ignorância", fundamentando sua morte e ressurreição com textos tirados do Antigo Testamento; na morte e ressurreição de Jesus, Deus cumpriu "o que havia anunciado pela boca de todos os profetas: que o seu Messias deveria padecer" (At 3,18). Lucas não se refere só a Moisés, mas a todos os profetas; todos eles atestaram que Deus ressuscitaria seu Messias da morte. E Deus ressuscitou Jesus "para que vos abençoe" (At 3,26). Portanto, o acontecimento da morte e ressurreição de Jesus deverá se tornar uma bênção para todos os judeus.

Pedro interpreta a morte e a ressurreição de Jesus com estas palavras:

> Matastes o Autor da vida, que Deus ressuscitou dos mortos. Disso nós somos testemunhas (At 3,15).

Jesus é o verdadeiro Messias, o Autor da vida. Deus atuou nele e por meio dele. Deus ressuscitou Jesus dos mortos e fez isso em favor dos judeus. Nesse sentido Pedro conclui sua fala com estas palavras:

> Deus fez surgir o seu Servo e o enviou primeiro a vós para que vos abençoe, ao converter-se cada um de suas maldades (At 3,26).

Portanto, para os judeus, a ressurreição de Jesus são ambas as coisas: primeiramente é bênção; também é exortação à penitência "para se apagarem os vossos pecados. Assim, virão da parte de Deus os tempos de alívio, e enviará aquele que vos é destinado: o Messias Jesus" (At 3,19-20). Lucas pinta aqui um belo quadro para a nossa vida: quando Jesus está no meio de nós, quando nós ouvimos suas palavras é hora de respirarmos aliviados; somos libertados da carga de nossas autorrecriminações e da nossa consciência pesada, mesmo que cumpramos todos os mandamentos. Jesus nos liberta desse peso; Ele abre nossos olhos para sua vinda definitiva em glória. Pedro se refere aqui à esperança messiânica dos judeus: Jesus é o Messias para judeus e cristãos. Estes acreditam que em Jesus o Messias já veio. Porém, juntamente com os judeus eles creem que a vinda definitiva do Messias ainda está por acontecer; judeus e cristãos se unem na expectativa da vinda definitiva do Messias. Assim, Pedro nos mostra como poderíamos falar de Jesus, hoje, no diálogo com os judeus.

Embora Lucas, com essa prédica, tinha em vista em primeira linha os judeus, ele fala ao mesmo tempo uma linguagem que os gregos entendiam. Assim, Pedro chama Jesus de "Autor da vida", o *"archegós tês zoês"*. Esta expressão também poderia ser traduzida por "guia para a vida"; é uma expressão que os gregos entendem e amam. Outra imagem é que Deus nos presenteou com tempos de alívio por meio de Jesus; essa também é uma imagem atrativa tanto para os judeus quanto para os gregos.

E Jesus retornará como o Messias e restaurará a ordem própria da criação. Com a expressão *apokatástasis pánton*, a restauração de todas as coisas, Lucas explica o mistério da ressurreição em uma linguagem mais filosófica, familiar sobretudo aos gregos. Mais tarde, os Pais da Igreja apreciaram muito essa expressão. Em Jesus, Deus restaura o mundo à condição em que o concebeu originalmente na criação; a ressurreição é sinal que aponta para essa restauração do original.

Assim, Lucas nos mostra, na prédica de Pedro, dirigida primeiramente aos judeus, como podemos encontrar uma linguagem que parte da experiência dos judeus e ao mesmo tempo está aberta para pessoas com formação grega. Na época de Jesus havia entre os judeus muitos que tiveram formação grega.

Pedro fala aqui "em formulações solenes, cujo tom sublime, a nosso ver, nem sempre combina com um alto grau de clareza", como Ernst Haenchen descreve essa prédica (HAENCHEN, p. 170). Lucas se adapta aos ouvintes. Ele se dirige aos judeus de tal maneira que, nas palavras de Pedro, eles possam reconhecer formulações da Bíblia, sentindo-se compreendidos em seus anseios. Ao mesmo tempo, porém, em uma prédica aos judeus – poderíamos compará-los hoje aos típicos frequentadores da igreja –, ele se dirige também aos que estão de fora. Ele fala para os crentes simples e igualmente para os eruditos. Hoje também seria a arte de dirigir a palavra aos crentes rigorosos e simultaneamente aos mais distanciados, e isso de tal maneira que seus anseios sejam tocados, pois em cada pessoa sempre se encontram estes dois anseios: o anseio por uma segurança última e o anseio por uma liberdade absoluta, por salvação e uma vida bem-sucedida.

Porém, Lucas descreve a ressurreição não só na prédica, mas também em acontecimentos concretos. Lucas desdobra sua teologia da ressurreição também em narrativas. Em primeiro lugar, temos a narrativa da prisão dos apóstolos.

> Mas um anjo do Senhor abriu de noite as portas do cárcere, conduziu-os para fora e disse: "Ide apresentar-vos no templo e falai ao povo tudo que se refere a esta maneira de viver" (At 5,19-20).

Para Lucas, ressurreição significa que Deus sempre nos faz levantar de novo, que Ele nos livra de situações de cativeiro. Lucas narra três vezes que um anjo do Senhor libertou os apóstolos. Nesse caso, tratam-se dos apóstolos Pedro e João. No cap. 12 trata-se só de Pedro e no cap. 16 de Paulo e Silas. Portanto, para Lucas, ressurreição significa que Deus nos liberta – da prisão do próprio medo, da prisão do ódio e da inveja e da prisão da própria impotência.

De modo especialmente minucioso Lucas descreve a libertação de Pedro. Este dormia preso, entre dois soldados, por duas correntes. Também as portas estavam sendo vigiadas por guardas.

> De repente, um anjo do Senhor entrou e uma luz brilhou na cela. O anjo tocou o lado de Pedro e o acordou, dizendo: "Levanta-te depressa!" E as correntes caíram-lhe das mãos (At 12,7).

O anjo acompanhou Pedro e eles passaram pelos guardas. O portão de ferro que levava à cidade se abriu automaticamente e Pedro pode sair da prisão. Então o anjo o deixou. Pedro achou que era um sonho, mas era pura realidade; o anjo do Senhor o libertou. Isso é experiência de ressurreição; Pedro foi libertado de uma situação que parece sem saída e pôde seguir seu caminho para a liberdade.

A libertação de Pedro da prisão, narrada de modo emocionante, visa consolidar no leitor a confiança de que Deus também nos envia seu anjo quando estamos interiormente presos em nossas angústias e constrangimentos ou quando estamos presos pelo soldado, pelo representante da lei, quando não encontramos uma maneira de nos desprendermos das normas do nosso superego. Ressurreição também significa que Deus transforma uma situação que parece sem perspectiva, livrando-nos dela. Assim, Lucas quer fortalecer os crentes do seu tempo para que creiam no poder libertador de Deus em meio aos constrangimentos a que estão sujeitos. Ele quer nos encorajar, hoje, a não desanimarmos quando formos atacados ou perseguidos na sociedade por sermos cristãos.

Mas as experiências de ressurreição em Atos dos Apóstolos ainda têm outro aspecto: após o apedrejamento de Estêvão, a Igreja é perseguida. Os cristãos são dispersos pelos territórios da Judeia e Samaria (At 8,1), mas Deus transforma a perseguição em um novo trabalho missionário; os cristãos perseguidos fazem missão na Samaria e, desse modo, o cristianismo se difunde. Portanto, Deus transforma a perseguição em uma nova estratégia da proclamação; os cristãos passaram a anunciar a boa-nova de Jesus às pessoas de Samaria. O objetivo dos perseguidores teve efeito oposto: a difusão da fé cristã.

A ressurreição de Jesus é a mensagem central da fé cristã. Podemos aprender de Lucas a expressar esse mistério em uma linguagem que parte das experiências das pessoas a quem dirigimos a palavra. Aqui Lucas fala primeiramente aos judeus. Poderíamos dizer que primeiramente precisamos fazer uso de uma linguagem que os cristãos crentes entendam. Mas igualmente é preciso termos uma linguagem que diga algo às pessoas afastadas e que tenham formação filosófica e psicológica. E também, ao lado da linguagem teológica, necessitamos de capacidade narrativa.

É preciso que a ressurreição possa ser experimentada, e isso acontece quando em nossas vivências experimentamos libertação; quando um aparente fracasso foi transformado em novo começo; quando algo ruim se converteu em nova chance; quando algo morto e paralisado de repente voltou a florescer; quando a escuridão foi iluminada e algo passou a ter sentido. A ressurreição pode ser experimentada quando uma situação de perseguição e difamação é transformada em bênção para nós e para as demais pessoas envolvidas; quando a inimizade se converte em amizade. A ressurreição precisa de uma linguagem expressiva, uma linguagem capaz de mostrar algo vivenciado de tal maneira que os leitores ou ouvintes entendam e consigam associar com as próprias experiências.

6

Viver a partir do Espírito de Jesus

No Evangelho, Lucas descreveu o ser cristão como seguimento de Jesus. Jesus nos convoca a segui-lo e a não esperar para fazer isso até que o pai ou a família estiverem de acordo com o nosso seguimento. Em Atos dos Apóstolos Lucas conta como pessoas individualmente seguem a Jesus. E esse seguimento se torna visível quando Pedro e João curam pessoas enfermas em nome de Jesus. Os apóstolos não conseguem fazer isso pelas próprias forças, mas apenas em nome de Jesus; ou seja, no poder do Espírito que Jesus lhes enviou. O seguimento também se manifesta no testemunho em favor de Jesus; a respeito de todos os apóstolos narra-se que, "com grande eficácia, davam testemunho da ressurreição de Jesus" (At 4,33). Esse testemunho se completa no martírio. Assim, Estêvão é o primeiro a morrer por causa de sua fé em Jesus; em Estêvão o Espírito de Jesus também pôde ser experimentado por quem estava próximo a ele.

Estêvão era judeu, mas pertencia à comunidade de língua grega. Supõe-se que os membros dessa comunidade eram pagãos convertidos que – como costuma acontecer com frequência – eram especialmente fiéis à lei. Contudo, Estêvão, um dos sete diáconos instituídos pelos apóstolos, pregou na comunidade a liberdade que Jesus tinha mostrado em relação à lei. Isso provocou a contestação por parte da comunidade helenista. Eles o arrastaram diante do Sinédrio e o difamaram. No entanto, enquanto Estêvão era difamado, ele causou forte impressão sobre os membros do Sinédrio:

> Todos os que estavam sentados no Sinédrio fixaram os olhos em Estêvão e viram o rosto dele como se fosse de um anjo (At 6,15).

Estêvão estava tão cheio do Espírito Santo, que seu rosto brilhava. Então ele fez um discurso diante do Sinédrio com o poder do Espírito Santo.

Nesse discurso ele expôs sua visão da história judaica e sua consumação em Jesus Cristo. Na história de Israel, repetidamente foram mortos os profetas. Assim, também Jesus foi morto e assim também os cristãos são perseguidos. E Estêvão proclama a doutrina, em termos mais gregos, a respeito do Deus que não habita uma casa feita por humanos, mas preenche toda a criação com a sua presença.

Isso não podia ser aceito por seus ouvintes judeus que, segundo Lucas, provinham da sinagoga dos libertos e cirenenses – tratavam-se, portanto, de novos convertidos que frequentemente se caracterizam pela estreiteza. Eles o arrastaram para fora da cidade e o apedrejaram. Lucas descreve o martírio de Estêvão com palavras semelhantes às usadas por ocasião da morte de Jesus. Estêvão reza como Jesus por seus assassinos:

> Senhor, não lhes leves em conta este pecado! (At 7,60).

Estêvão também reza o mesmo versículo do salmo vespertino judaico que Jesus rezou na hora de sua morte:

> Pai, nas tuas mãos entrego o meu espírito (Lc 23,46; Sl 31,6).

Porém, Estêvão não se dirige a Deus, mas ao próprio Jesus, que toma o lugar de Deus:

> Senhor Jesus, recebe meu espírito! (At 7,59).

Ernst Haenchen comenta assim essa oração:

> Aparece aí uma espiritualidade cristã em que Jesus já ocupou o lugar central, em que Ele é invocado na hora da morte (HAENCHEN, p. 247).

Há ainda outro aspecto importante para Lucas no martírio de Estêvão, que está cheio do Espírito Santo. Ele olhou para o céu e "viu a glória de Deus e Jesus de pé à direita de Deus. Então disse: 'Estou vendo os céus abertos e o Filho do homem de pé à direita de Deus'" (At 7,55-56). Lucas costuma escrever que, por meio da ressurreição, Deus *assentou* Jesus à sua direita e que Ele, portanto, *está sentado* à direita de Deus. Contudo, aqui ele *está de pé*. Os Pais da Igreja – por exemplo, Gregório de Nissa – pensaram a respeito da razão pela qual aqui ele *está de pé*. E Gregório traz uma imagem do esporte. No caso da corrida, o árbitro que proclama a vitória do corredor e lhe põe uma coroa de louros na cabeça está de pé. Aqui Jesus é o árbitro que põe a coroa da vitória na cabeça de Estêvão, que se torna vitorioso na competição de sua vida. Não podemos afirmar se foi isso que Lucas realmente pensou, mas como ele tinha formação grega, pode perfeitamente ter pensado nessa imagem da competição. Como quer que seja, é uma imagem de esperança: nossa vida é uma corrida esportiva, e podemos confiar que Cristo estará como árbitro no final de nossa corrida e porá a coroa de louros em nossa cabeça. Não precisamos ser os primeiros a chegar; é suficiente que tenhamos nos esforçado ao máximo na luta e na corrida.

Para Lucas, seguir Jesus quer dizer agir no Espírito de Jesus. O Espírito concede aos discípulos autoridade para curar em nome de Jesus, capacitando-os a dar testemunho dele, mesmo que sejam perseguidos. Ele até lhes dá a força para morrer por seu testemunho de um modo que se assemelha à morte de Jesus na cruz. Eles podem fazer isso em um espírito de liberdade interior e de confiança na presença auxiliadora de Deus e no espírito de amor e perdão por seus assassinos. Porém, não é o Espírito de Jesus que nos capacita para o seguimento; Jesus está conosco pessoalmente e nos apoia do mesmo modo que esteve ao lado de Estêvão quando este morreu.

Por muito tempo o tema do martírio se tornou estranho para nós cristãos em uma sociedade de bem-estar. Como cristãos éramos aceitos na sociedade. No entanto, nos últimos anos o quadro se alterou: mais de 200 milhões de cristãos são perseguidos por causa de sua fé; também em nossa sociedade frequentemente encontramos correntes hostis ao cristianismo. Evidentemente, a mensagem de Jesus provoca as pessoas hoje tanto quanto em tempos antigos; quem proclama a mensagem de Jesus evidentemente toca um anseio presente no ser humano por um Deus que nos presenteia a verdadeira vida. Porém, ao mesmo tempo, essa mensagem provoca medo em um certo número de pessoas. Elas não querem confiar no seu anseio, querem se manter seguras em sua rotina cotidiana. Logo, quem professa essa mensagem precisa ser perseguido e morto. Assim, entendemos hoje de maneira nova o que sucedeu naquela época com as primeiras testemunhas de Jesus, e a descrição do martírio do Santo Estêvão nos confronta com a pergunta se estamos dispostos a morrer por nossa fé ou se preferimos nos acomodar e viver como todos vivem. Os Atos dos Apóstolos estão cheios de belas histórias, mas eles também nos mostram a seriedade do testemunho que os discípulos de Jesus dão diante do mundo. Seu testemunho resulta em perseguição e até em morte, como mostram os exemplos de Estêvão e mais tarde também de Pedro e Paulo.

7

A conversão de Saulo

Saulo concordou com a morte de Estêvão e se tornou o mais ferrenho perseguidor dos cristãos. Saulo fora educado como fariseu e era mais dedicado do que todos os seus colegas. Lucas nos conta de modo impactante a cena da conversão de Saulo, que é repetida duas vezes.

Na primeira vez, ele próprio é quem narra; nas duas outras é Paulo quem o faz, e diante de públicos diferentes. Os exegetas se chocaram com o fato de Lucas contar três vezes a mesma história, e isto em três versões diferentes. No entanto, as três descrições diferentes não provêm necessariamente do fato de Lucas ter usado fontes diferentes. Lucas varia sua narrativa sempre em função dos ouvintes que tem em vista, e nisso se evidencia a linguagem dialogal de Lucas. Ele faz com que Paulo fale sempre para uma audiência bastante específica e de maneira a tocar seus anseios, tornando compreensível o que vivenciou. E a narrativa tripla sobre a conversão de Saulo é importante para Lucas, pois ela legitima a missão aos pagãos. Paulo se tornou o missionário por excelência dos pagãos.

Em At 9 Lucas narra a conversão de Saulo na perspectiva do historiador. Cheio de ódio, Saulo viaja a Damasco para prender os cristãos e levá-los a Jerusalém:

> Durante a viagem, estando já perto de Damasco, foi envolvido de repente por uma luz vinda do céu. Caiu por terra e ouviu uma voz que lhe dizia: "Saulo, Saulo, por que me persegues?" Saulo respondeu: "Quem és, Senhor?" E Ele: "Eu sou Jesus, a quem persegues. Levanta-te e entra na cidade; ali serás informado do que deves fazer" (At 9,3-6).

As pessoas que o acompanham ouviram a voz, mas não viram ninguém falando. Ao se levantar e abrir os olhos, Paulo não viu nada; ele estava cego. Também é possível expressar a experiência de Paulo da seguinte maneira: "Quando não viu nada, Saulo viu Deus". O Deus que Saulo havia pregado até aquele momento, o Deus da lei, foi obscurecido por essa experiência extática. Assim, ele conseguiu ver o Deus de Jesus Cristo. Porém, foi preciso que se passassem mais três dias até que se processasse no seu coração uma transformação da imagem de Deus. Além disso, foi necessária a intervenção de um cristão judeu piedoso que também teve uma visão, na qual Jesus lhe ordenou ir até aonde Saulo estava. Ananias resiste a isso porque tinha ouvido falar muitas coisas ruins a respeito de Saulo. Lucas conseguiu narrar com habilidade que a conversão de Saulo foi algo prodigioso tanto para judeus quanto para cristãos, algo difícil de entender para ambos. Jesus, em uma visão, explicou para Ananias:

> Vai, porque este homem é um instrumento que eu escolhi para levar meu nome diante das nações, dos reis e dos israelitas (At 9,15).

Portanto, Paulo deverá proclamar a boa-nova sobre Jesus Cristo tanto a judeus quanto a pagãos.

Nas outras duas vezes é o próprio Paulo quem narra a história de sua conversão. Na primeira vez, diante dos judeus, quando estes quiseram matá-lo e o comandante romano o prendeu para protegê-lo. Diante dos judeus Paulo contou, antes de tudo, que ele foi um fariseu fiel, que o famoso Gamaliel fora seu mestre e que ele perseguira os cristãos. A vivência da conversão é narrada por Paulo em termos um pouco diferentes: na primeira narrativa, os que acompanhavam Paulo ouviram a voz mas não viram a pessoa que falava. Na segunda, todos os que o acompanhavam viram a luz, mas não escutam a voz. Eles não entenderam o que se sucedeu com Paulo; apenas confirmaram que se tratou de uma intervenção prodigiosa de Deus, que permitiu que todos participassem desse fenômeno luminoso. Ananias é descrito aqui como cristão judeu especialmente piedoso.

O próprio Ananias diz a Paulo que Deus o elegeu para se tornar testemunha, diante de todas as pessoas, do que ele viu e ouviu. Nessa narrativa, Paulo só recebe a ordem de se dirigir aos pagãos quando entra em êxtase no templo de Jerusalém. Jesus o conclama a deixar Jerusalém porque os judeus não aceitam seu testemunho. Paulo resiste a isso, argumentando que os judeus deveriam ficar sabendo que ele perseguira os cristãos e estivera de acordo com o apedrejamento de Estêvão. No entanto, Jesus lhe ordena:

Vai, pois quero enviar-te às nações distantes (At 22,21).

Quando Paulo disse isso os judeus o interromperam e começaram a gritar. Esse é um recurso estilístico típico de Lucas; sempre que o discurso chega ao ponto de fazer enunciados importantes é interrompido. A ruptura propriamente dita entre Paulo e os judeus é ocasionada aqui; portanto, pela missão aos pagãos que Lucas atribui à ordem do próprio Jesus. É Jesus mesmo quem envia Paulo aos pagãos. Isso é insuportável para os judeus.

A segunda vez que Paulo conta sua história foi diante do Governador Festo e do Rei Agripa, convidado por Festo por conhecer bem a religião judaica. Aqui Lucas conta a mesma história com palavras que tocam pessoas com formação grega. Por isso, ele conta a respeito da luz que é mais clara do que o sol. E ele lança mão de um ditado grego, ao fazer Jesus dizer:

> É duro para ti recalcitrar contra o aguilhão [ou seja, "dar murro em ponta de faca"] (At 26,14).

Jesus envia Paulo para abrir os olhos dos pagãos, "para que eles se convertam das trevas para a luz, do poder de satanás para Deus" (At 26,18). Abrir os olhos para a verdadeira luz é uma maneira de falar tipicamente grega.

No entanto, quando Paulo fala da ressurreição de Jesus, Festo o interrompe:

> Estás louco, Paulo! As muitas letras fizeram-te perder o juízo (At 26,24).

Para o romano, a mensagem sobre a ressurreição é loucura. Essa mensagem sobre a ressurreição torna-se a pedra de tropeço também no discurso proferido no Areópago diante dos filósofos gregos. Nesse ponto, Paulo se dirige novamente a Agripa que, na condição de judeu, entende perfeitamente a mensagem da ressurreição. E também diante de Festo, Paulo argumenta que nenhuma das coisas que ele contou a respeito de Jesus "se passou a um canto qualquer" (At 26,26), mas publicamente diante de todo mundo. Assim, Festo não pode negar a história de Jesus. Ela é algo que aconteceu diante dos olhos de todos e, em consequência, também diz respeito a todos.

Com essa narrativa tripla da conversão de Paulo Lucas mostra, por um lado, que o cristianismo tem a religião judaica como ponto de partida. E como a religião judaica era reconhecida no Império Romano, não havia razão para persegui-la. E, por outro lado, Lucas quis defender a doutrina cristã diante dos romanos. Paulo atuou de tal maneira diante das autoridades romanas que conquistou sua simpatia e eles não encontraram motivo de acusação contra ele. Lucas mostra, assim, que Paulo poderia ser posto em liberdade se não tivesse apelado ao imperador.

No entanto, ao lado dessa interpretação histórica da narrativa da conversão podemos perguntar: O que significa essa história para nós hoje? C.G. Jung identifica nessa história de conversão uma lei da psique humana: sempre que combatemos uma causa com muito fervor estamos inconscientemente fascinados por ela. E, em consequência, a causa que combatemos pode tomar conta de nós de maneira tal que passamos a defendê-la com o mesmo fervor.

Essa conversão interior se efetua em Saulo. Ele combateu a interpretação livre da religião legalista judaica por Estêvão e alguns representantes da comunidade helenista. Ao mesmo tempo, porém, ele se sentiu atraído por essa ideia de liberdade.

Assim, Jesus lhe mostrou, na vivência de Damasco, o que de fato o fascinava. Ele reconheceu a estreiteza de sua prédica da lei e, dali por diante, transformou-se no mais fervoroso proclamador da liberdade. Conversão sempre é transformação.

O fervor com que Saulo perseguiu os cristãos permanece também após sua conversão. Porém, ela passa a ter seu fundamento na mensagem da liberdade. Portanto, quando vemos pessoas que perseguem radicalmente os cristãos – essa história de conversão quer nos comunicar –, no final das contas elas estão combatendo algo que as fascina. E podemos esperar que, em algum momento, o ódio dos perseguidores será transformado; eles ficarão cegos de ódio, mas essa cegueira poderá derrubá-los e subitamente eles poderão reconhecer o caminho errado que tomaram.

Esta é a mensagem que essa cena transmite para os cristãos perseguidos. Para nós, a conversão de Saulo mostra que Jesus também vem ao nosso encontro e nos abre os olhos. No meio da jornada poderá brilhar uma luz para nós e reconheceremos o caminho errado que trilhamos. Quando nos equivocamos com fervor, Deus é capaz de reverter esse fervor de tal maneira que não lutamos mais contra algo, mas pela vida e liberdade. E não trilhamos nosso caminho sozinhos; Jesus caminha conosco. Devemos confiar que Ele também abre os nossos olhos quando ficamos cegos para a verdade.

Ao mesmo tempo, essa história nos mostra como devemos falar às pessoas que combatem a Igreja e a religião cristã, que ridicularizam a nossa fé. Não devemos ficar inseguros, mas nos perguntar: O que deixa os outros tão inseguros a ponto de se sentirem obrigados a blasfemar? Qual é o anseio que está por trás de sua agressividade? Se eu fizer isso não precisarei justificar nem a mim nem a minha fé, mas poderei questionar o outro. Posso tomar como ponto de partida aquilo que o motiva, mesmo que talvez seja o que ele está combatendo agressivamente. A arte do aconselhamento consiste em descobrir dentro da rejeição agressiva o anseio mais profundo por algo que realmente sustenta, por algo que pode dar sentido à vida.

8

A mensagem dos sonhos

Na conversão de Saulo acontece a transformação por meio do encontro com Jesus. Trata-se de uma espécie de visão ou vivência extática. Lucas reconhece ainda uma outra possibilidade de transformação de uma pessoa: o sonho. Lucas relata três vezes a transformação de uma pessoa ou de seu modo de ver as coisas e de seu pensamento por meio do sonho: uma vez em Pedro, depois no Diácono Filipe e por fim em Paulo.

Em At 10 Lucas relata que Pedro teve uma espécie de sonho em torno do meio-dia e que se repetiu três vezes. Lucas chama o sonho de estado de êxtase. Pedro vê um pano de linho sendo baixado sobre a terra e uma voz dizendo:

> Pedro, levanta-te! Mata e come! (At 10,13).

Pedro se nega a fazer isso, mas a voz lhe responde:

> Não chames de impuro o que Deus purificou! (At 10,15).

Toda a fala e réplica acontece três vezes. Então o pano é puxado de volta para o céu. Por meio dessa visão ou sonho Pedro é levado a atender ao pedido dos homens enviados pelo Comandante Cornélio e ir com eles a casa do comandante romano.

Cornélio tivera antes disso um sonho no qual um anjo o havia conclamado a enviar homens a Jope para buscar Simão. Na condição de judeu fiel à lei, Pedro jamais teria ousado entrar na casa de um pagão. Porém, o sonho o libertou de sua estreiteza e fez com que se abrisse para anunciar a Boa-nova também aos pagãos. Pedro foi o primeiro a batizar um pagão. Porém, ele não batizou só Cornélio, mas todos os amigos deste que haviam sido convidados.

No discurso de Pedro fica claro que ele não interpretou o sonho no sentido de que, dali por diante, ele, como judeu, podia comer todos os alimentos. Antes, o próprio Pedro interpretou o sonho tendo em vista as pessoas. Deus lhe mostrou "que ninguém deve ser considerado profano ou impuro" (At 10,28). A transformação por meio do sonho ofereceu a Pedro possibilidade de proferir sua primeira pregação missionária diante dos pagãos. Lucas formulou habilmente as palavras de Pedro de maneira que as pessoas com formação helenista fossem tocadas por elas, e sintetiza a prédica de Jesus como mensagem de paz; por meio de Jesus Deus anunciou a paz (At 10,36). Essas palavras de Lucas são dirigidas aos romanos; eles pensavam que por si mesmos garantiriam a paz na terra ocupada. E ao mesmo tempo Lucas critica a compreensão de paz que eles tinham, como se ela pudesse ser instaurada à força. A paz deve ser anunciada; as palavras podem transmitir paz.

Pedro relata a atuação de Jesus da seguinte forma: "Ele andou fazendo o bem e curando todos os oprimidos pelo diabo, porque Deus estava com Ele" (At 10,38). Jesus recebe o predicado destinado aos dominadores helenistas: "o benfeitor, aquele que faz o bem". Ele cura as pessoas como os gregos esperavam que seus curandeiros fizessem.

Além disso, Pedro relata a morte e a ressurreição de Jesus. Sua ressurreição é descrita como componente corporal: Jesus comeu e bebeu com os discípulos após sua ressurreição. Aqui também Lucas se refere conscientemente à opinião dos gregos, que acreditavam na continuação da vida da alma após a morte, mas não na ressurreição do corpo. Os discípulos encontraram fisicamente o ressurreto. A ressurreição é a prova de que:

> É Ele quem foi constituído por Deus juiz dos vivos e dos mortos. Dele dão testemunho todos os profetas, anunciando que todos os que nele creem recebem o perdão dos pecados por meio do seu nome (At 10,42-43).

Portanto, a mensagem de Jesus é explicitada como mensagem de paz, de tal modo que se descreve sua atuação curadora e libertadora e se vê sua ressurreição como prova de que Ele é o juiz dos vivos e dos mortos, constituído por Deus. E que nós recebemos o perdão dos pecados em nome de Jesus quando cremos nele.

Para alguns a teologia de Lucas, que desponta nesse discurso, parece ser simples demais. No entanto, Lucas resume a mensagem de Jesus ao essencial. Segundo ela, não precisamos crer em alguma coisa, mas devemos crer em Jesus, que foi confirmado por Deus mediante a ressurreição como aquele que nos liberta de nosso passado de culpa e ainda é capaz de curar nossas fraquezas.

Assim, a prédica de Pedro aos pagãos constitui para nós um desafio para falar a pessoas que sabem pouco da fé, que não conseguem acreditar em Jesus. Trata-se de expressar o essencial em poucas palavras, mesmo correndo o risco de, à primeira vista, abreviar a mensagem de Jesus. Porém, as perguntas fundamentais que move Lucas e que também devem nos mover são: Qual é a mensagem central do cristianismo? Como podemos transmitir em poucas palavras a nossa fé às pessoas, de tal modo que estas sejam tocadas por elas?

A prédica de Pedro é efetiva, ela toca os corações. Porém, não é só porque ele fala especialmente bem, mas porque o próprio Espírito Santo usa suas palavras para mover o coração das pessoas. "Pedro ainda estava falando quando o Espírito Santo desceu sobre todos os que ouviam a palavra" (At 10,44). O próprio Deus intervém aqui. Não são só as palavras que convencem os ouvintes, mas a atuação do Espírito Santo. E esse milagre do Espírito não somente toca os pagãos, mas também leva Pedro a batizá-los. Se não fosse o sonho e se não fosse o milagre do Espírito, o batismo dos pagãos dificilmente teria sido possível.

Quando retornou a Jerusalém Pedro teve de se justificar diante dos seus companheiros de fé. Ele conseguiu fazer isso apontando para a ação de Deus; foi o próprio Deus quem efetuou tudo, enviando o Espírito sobre os pagãos. Isso acalmou os cristãos judeus de Jerusalém; eles "glorificaram a Deus dizendo: 'Logo, também aos pagãos Deus concedeu a conversão para a vida'" (At 11,18).

Antes do batismo do pagão Cornélio, Lucas já havia nos contado a respeito do batismo de um pagão: o batismo do eunuco e ministro das finanças de Candace, a rainha da Etiópia, por Filipe (At 8,26-40). No entanto, Lucas deixa em aberto a pergunta referente a quem era esse funcionário da corte, se era pagão ou um peregrino piedoso. Em todo caso, ele tinha formação e estava lendo as Sagradas Escrituras dos judeus. Filipe também foi guiado até ele por um anjo; ou seja, por um sonho.

Lucas nos conta uma história muito bem construída. Filipe segue o carro em que está sentado o funcionário da corte, lendo em voz alta o livro do Profeta Isaías. Filipe pergunta ao eunuco:

> Será que estás entendendo o que lês? (At 8,30).

A essa pergunta ele convida Filipe para assentar-se ao seu lado e explicar-lhe a passagem do Profeta Isaías. Mas Filipe a usa como pretexto para anunciar o Evangelho de Jesus.

O camareiro fica tão persuadido pela exposição de Filipe que pede para ser batizado de imediato. Foi Deus quem provocou esse batismo; foi Deus quem enviou o anjo a Filipe; foi Deus quem fez com que o camareiro estivesse lendo justamente aquela passagem do Profeta Isaías; e foi Deus quem fez com que de imediato encontrassem uma fonte de água.

Porém, o batismo do camareiro não é o início da missão aos pagãos, como foi o batismo do comandante romano Cornélio. Neste caso foi batizado um homem isolado que seguia viagem para casa, cheio de alegria. Ali ele viverá como cristão, mas não está dito que por meio dele a mensagem de Jesus se difundiu na Etiópia. Lucas só quer mostrar que Deus dispõe de muitas maneiras para conduzir as pessoas até o Evangelho de Jesus, e constantemente ele usa sonhos nos quais um anjo fala a um ser humano para cumprir a vontade salvadora de Deus.

Um sonho também marca o início da missão à Europa. Em Trôade, Paulo teve durante a noite uma visão, um sonho:

> Um jovem da Macedônia se apresentou diante dele e pediu-lhe: "Passa para a Macedônia e vem ajudar-nos" (At 16,9).

Motivado por esse sonho Paulo se pôs a caminho de Neápolis e Filipos. É o próprio Deus que guiou a Igreja dos primórdios; foi Ele que capacitou Pedro a batizar os primeiros pagãos; foi Ele que levou Filipe a batizar o ministro das finanças da rainha da Etiópia; foi Ele que pressionou Paulo e seus acompanhantes a levar a missão para a Europa. Deus usa o sonho como maneira de falar com as pessoas e ampliar seu modo de pensar habitual, possibilitando-lhes novos caminhos.

Assim, podemos aprender dessas três cenas a dar ouvidos a sonhos. Nossa teologia muitas vezes se guia muito pela cabeça; ela é puramente racional. Porém, Deus não fala conosco só por meio da razão, mas também por meio dos sonhos. No sonho, Ele muitas vezes nos aponta caminhos novos e não habituais. Em vez de se limitar a projetar programas pastorais, faria bem à Igreja se desse ouvidos aos sonhos.

E igualmente nos faria bem se nós desenvolvêssemos sonhos: Quais são os sonhos que tenho para a Igreja? Quais sonhos tenho para uma comunidade cristã? Quais sonhos tenho para a atuação dos cristãos no mundo de hoje?

Os sonhos romperiam nossa fixação pelas atividades cotidianas e nos mostrariam novos caminhos, fazendo aflorar em nós uma nova língua. Seria uma língua que nos falasse por meio de imagens, exatamente como fazem os sonhos; seria uma língua que nos fizesse sonhar, que nos fizesse ver imagens de esperança em um futuro bom.

9

Pregar diante dos judeus

Em At 2 Pedro proferiu seu grande discurso diante dos judeus e tentou convencê-los da messianidade de Jesus e de sua ressurreição. Nos livro dos Atos dos Apóstolos Lucas trata os judeus de modo bastante amistoso. Nos discursos, ele se dirige a eles muitas vezes como "irmãos"; Deus firmou uma aliança com eles e para eles valem as promessas dos profetas. Os primeiros cristãos provieram da comunidade judaica, e em todo lugar a que chegava Paulo sempre se dirigia primeiramente aos judeus; ele desejava explicar-lhes que Jesus é o cumprimento de todas as promessas que os profetas fizeram ao povo de Israel. E sempre que Pedro ou Paulo pregavam diante dos judeus podemos ver esses judeus como imagens dos atuais cristãos que cresceram na tradição cristã. E dessas prédicas também podemos aprender a língua que devemos falar diante das pessoas de nosso tempo que foram socializadas no cristianismo.

Em sua primeira prédica missionária em Antioquia, na Pisídia (At 13,14-41), Paulo se dirige, como de praxe, primeiro aos judeus. E, a exemplo de Estêvão, ele narra a história salvífica judaica, anunciando Jesus como sua consumação. Jesus cumpre todas as promessas dos profetas de Israel, e isso soa perfeitamente convidativo para os judeus. Todavia, o fato de Jesus ter morrido na cruz contradiz essa visão otimista. Consequentemente Paulo tem de fundamentar como isso pôde acontecer; por um lado ele aponta para a ignorância dos judeus, que não compreenderam quem é esse Jesus; por outro lado, explica que foi assim que Deus cumpriu a promessa dos profetas, ressuscitando Jesus dos mortos. Paulo ainda fundamenta a ressurreição com duas citações bíblicas: Is 55,3 e Sl 16,10, às quais Lucas já havia recorrido na pregação de Pedro no dia de Pentecostes como prova da ressurreição de Jesus.

Em sua ressurreição, Jesus foi confirmado como o verdadeiro Messias. E Paulo formula de modo bastante breve a missão do ressurreto:

> Sabei, pois, irmãos, que por Ele vos é anunciado o perdão dos pecados e a justificação plena que não pudestes conseguir pela lei de Moisés. Todo aquele que acredita é nele justificado (At 13,38-39).

Lucas não fala aqui da redenção mediante a cruz, não fala da expiação pelos nossos pecados. Antes, pela morte e ressurreição, Jesus se tornou testemunha do perdão dos pecados. Tendo Jesus em vista, os apóstolos podem, então, anunciar aos judeus que Deus lhes perdoa a culpa.

Lucas se refere à doutrina paulina da justificação exclusivamente pela fé, mesmo que a tenha atenuado e não a sustente com a mesma ênfase que Paulo lhe imprime em suas cartas. A lei de Moisés não é criticada. Ela é boa, mas não foi capaz de tornar os judeus justos em todos os aspectos. A verdadeira justiça lhes é presenteada por Jesus quando creem nele. Portanto, Lucas não combate a lei como Paulo, mas usa como ponto de partida as boas experiências que os judeus fizeram com a lei. Mas, ao mesmo tempo, ele mostra que a lei não foi capaz de transformar completamente o ser humano e torná-lo justo em todos os aspectos. Ele interpreta a doutrina da justificação de Paulo a partir da perspectiva de Deus, e de tal maneira que os judeus podem perfeitamente entendê-la e aceitá-la:

> Por meio de Jesus Cristo o próprio Deus toma providências para que cada qual possa subsistir diante dele, para que cada qual se sinta acolhido e protegido por Deus antes de qualquer realização e apesar de toda culpa (KLIESCH, p. 99).

Com essa prédica Paulo quis convencer os judeus a crerem em Jesus, e a fé em Jesus não representa um afastamento da tradição judaica, mas seu cumprimento. Os judeus pareceram acolher essas palavras de Paulo com simpatia; pediram que ele e Barnabé continuassem a anunciar sua doutrina no sábado seguinte, e alguns judeus e prosélitos piedosos aderiram a Paulo.

A ruptura só acontece no sábado seguinte, mas não por causa do discurso nem dos conteúdos da mensagem paulina, mas por inveja. Os judeus ficaram com inveja porque a sinagoga ficou cheia e todos queriam ouvir os pregadores estrangeiros, e assim eles agiram contra Paulo e Barnabé. Foi a rejeição dos judeus que levou Paulo a se voltar aos pagãos a partir de então. Lucas fundamenta esse voltar-se para os pagãos, de um lado, com a rejeição dos judeus; de outro, uma vez mais, com uma palavra do Profeta Isaías. Assim, ele faz Paulo encerrar sua prédica com estas palavras:

> Porque assim nos ordenou o Senhor: "Eu te fiz luz das nações para seres a salvação até os confins da terra" (At 13,47; Is 42,6; 49,6).

É o próprio Deus que funda a missão aos pagãos; ela corresponde às palavras dos profetas.

"Estas palavras encheram de alegria os pagãos [que evidentemente também estavam presentes no culto], que glorificaram a palavra do Senhor, e todos que estavam destinados à vida eterna aceitaram a fé" (At 13,48). Portanto, a prédica de Paulo teve êxito, sobretudo entre os pagãos. Houve judeus que aderiram à nova doutrina, mas o restante deles incitaram as autoridades a expulsar Paulo e Barnabé.

Não devemos considerar a prédica de Paulo aos judeus somente sob o ponto de vista histórico, de que ali aconteceu a separação entre cristãos de origem pagã e cristãos de origem judaica. A primeira coisa que essa prédica quer nos mostrar é como podemos falar hoje às pessoas que cultivam a tradição judaica. Ao analisar essa prédica, Anneliese Hecht enfatizou que Paulo primeiramente dignificou seus ouvintes como "descendentes dos patriarcas e matriarcas da fé, como membros do povo eleito de Deus" (HECHT, p. 103); ele também dignificou a busca de Deus por aqueles que o temiam e que se interessavam pelo judaísmo. Nesse contexto, Paulo ressalta a continuidade da história da salvação, que culmina em Jesus – Jesus é a satisfação do anseio judaico. Paulo tenta tornar a ressurreição de Jesus compreensível em vista das promessas proféticas.

No diálogo com os judeus é importante que falemos sua língua e que não descrevamos Jesus necessariamente com as categorias da filosofia grega, mas com as imagens do Antigo

Testamento. Lucas diz que é legítimo falar de Jesus de outra maneira, dependendo dos interlocutores que temos diante de nós. Aos judeus podemos falar na língua do Antigo Testamento, aos gregos na língua da filosofia grega. Nas duas línguas podemos confirmar em grande parte o que judeus e gregos creem. E, mesmo assim, há em cada caso um ponto em que não podemos omitir a diferença. No caso dos judeus, é o enunciado de que esse Jesus que morreu na cruz é o Messias; no caso dos gregos, é a mensagem da ressurreição de Jesus. Quando travamos diálogo com os judeus podemos perfeitamente chegar ao entendimento de que ainda aguardamos esse Messias exatamente como eles fazem – acreditamos que Ele veio em Jesus e que voltará. Assim, estamos unidos com os judeus nesse anseio pela vinda do Messias e acordamos com eles de que o Antigo Testamento é a base da nossa fé e que procuramos entender o mistério de Jesus com base nos textos veterotestamentários.

Para mim, porém, essa prédica diante dos judeus também é uma imagem de como podemos falar hoje às pessoas que estão na Igreja e se sabem sustentadas pela fé. Lucas toma como ponto de partida as experiências dos judeus crentes e atesta sua fé ao citar passagens do Antigo Testamento. Quando falamos a cristãos crentes é bom não tentar lhes dar lições nem criticar sua maneira de crer, mas começando por afirmá-la. Em seguida, podemos tentar falar da sua fé de maneira nova – não modificamos sua fé, mas ajudamos a aprofundá-la ao falar de seu ponto central. E esse centro da fé é, para Lucas, a ressurreição de Jesus que transforma a nossa vida, o perdão dos pecados que nos liberta do passado e a justificação por meio de Jesus Cristo. Porém, nós não precisamos interpretar essa doutrina da justificação de modo polêmico contra o esforço por cumprir a lei, como Paulo faz com frequência em suas cartas. Nós devemos começar reconhecendo todo o esforço espiritual dos ouvintes, mas depois também anunciar a boa-nova de que não é o cumprimento da lei que pode nos tornar justos, mas Cristo, que morreu e ressuscitou por nós.

Nesse discurso que põe na boca de Paulo, Lucas até toma como ponto de partida a doutrina da justificação dele. Porém, ele a interpreta à sua maneira; isto é, da maneira que já havia indicado no seu evangelho. Neste, ele descreveu Jesus como o ser humano verdadeiramente justo, e na cruz essa justiça de Jesus se torna manifesta. Por isso, o oficial militar romano diz no momento da morte de Jesus:

> Realmente, este homem era um justo (Lc 23,47).

Em Jesus se reconhece claramente o que é um homem justo. Nem mesmo a injustiça dos seus assassinos consegue fazer com que Ele abandone seu amor e seu centro.

Segundo Lucas, justa é a pessoa que vive com retidão, como Deus deseja que ela viva, que vive a verdadeira *humanitas*. No Evangelho segundo Lucas as pessoas são tornadas justas por meio da morte de Jesus, na medida em que olham para e são transformadas por ela – todo aquele que olhou para Jesus "retirou-se batendo no peito" (Lc 23,48). Ao olharem para Jesus elas são direcionadas para Deus, tornando-se pessoas direitas, justas. A lei por si só não consegue corrigir o ser humano; com frequência, o ser humano se restringe aos mandamentos exteriores, em vez de experimentar a justiça interior. E prestar atenção na lei com frequência produz uma consciência pesada, sendo mais provável que ela debilite o ser humano.

Lucas entende desta forma a justificação a partir da fé: quando olhamos com fé para Jesus somos transformados em pessoas justas, no ser humano que corresponde à imagem de Deus. O ser humano justo é o ideal do humanismo grego. Portanto, aqui novamente resplandece – como o expressa Benoit – a luta pelo ser humano verdadeiro, pela nova humanidade. Pela fé em Cristo, que foi injustamente pregado na cruz, mas que foi confirmado por Deus mediante a ressurreição, nós também somos justificados quando cremos nele; tornamo-nos um ser humano que não pode ser atingido pela injustiça do mundo. O próprio Deus, mediante a fé em Cristo, confere-nos a forma do ser humano justo, como nos foi mostrado em sua forma mais pura por Jesus.

Para mim, a interpretação feita por Lucas da doutrina paulina da justificação nos desafia a proclamar essa doutrina central de Paulo hoje em uma linguagem que as pessoas entendam. Lucas explicou a doutrina de Paulo para pessoas com formação filosófica; nossa tarefa é proclamar essa doutrina de tal maneira que as pessoas a identifiquem como boa-nova, sobretudo aquelas que não conseguem aceitar a si mesmas, pois essa doutrina lhes diz: não importa o quanto você se esforça, nunca poderá fazer de si mesmo um ser humano perfeito. Não importa quantos conselhos tirados de livros de autoajuda você segue, nunca conseguirá mudar a si mesmo a ponto de corresponder à imagem ideal de ser humano que é apresentada nesses livros. Porém, se você olhar para Jesus – que, mesmo pendurado na cruz, não permitiu que os assassinos nem os que o xingavam e ridicularizavam o afastassem do seu centro –, alguma coisa se modificará em sua vida. Você será transformado no ser humano que permanece no seu centro, que fica isento do juízo das pessoas, que tem seu centro em Deus e por Ele é transformado em um ser humano íntegro, em um ser humano como Deus o imagina e como Ele o apresentou a todas as pessoas em Jesus.

10

Entrar no Reino de Deus passando por adversidades

Lucas narra uma história singular ocorrida em Listra. Ali Paulo pregou só diante de pagãos; não havia a presença de judeus. Durante sua prédica ele viu um homem "paralítico desde o nascimento" (At 14,8). Paulo olhou para ele e, "vendo que tinha fé para ser curado", ordenou-lhe:

Levanta-te direito sobre os teus pés! (At 14,10).

O homem se levantou de um salto e as pessoas ficaram tão entusiasmadas com o milagre que passaram a ver Paulo e Barnabé como deuses. Barnabé, que evidentemente era de grande estatura e, durante a prédica de Paulo, ficou sentado sem dizer nada, foi tido como Zeus, e Paulo, por ter sido o único a falar, como Hermes, o mensageiro dos deuses. Eles quiseram oferecer-lhes sacrifícios, mas Paulo os demoveu disso com estas palavras:

> Nós somos homens iguais a vós e vos anunciamos a Boa-nova para que abandoneis esses ídolos nulos, convertendo-vos para o Deus vivo, que fez o céu, a terra, o mar e tudo o que neles existe (At 14,15).

Nessas palavras é possível ver como Paulo pregou aos pagãos; ele ainda não pregou a respeito de Jesus, mas do verdadeiro Deus em contraposição aos ídolos nulos que os pagãos adoravam.

Há exegetas que ficam incomodados com essa história de milagre e com a reação dos moradores pagãos de Listra. Mas quando a examinamos mais de perto identificamos a arte literária de Lucas. Paulo e Barnabé causaram boa impressão nas pessoas; eles mostraram que não precisavam temer a comparação com os *theioí ánthropoi*; ou seja, os "homens divinos" do paganismo. Eles despertaram a curiosidade nas pessoas, que viam algo especial neles, chegando a pensar que os próprios deuses tinham vindo ao seu encontro.

Essa foi a oportunidade para a prédica de Paulo, que tomou como ponto de partida a fé dos pagãos. Ele falou do seu politeísmo, dos muitos deuses que eles adoravam, chamando esses deuses de *mátaia*; isto é, "ídolos nulos, seres impotentes, aparência". Em contraposição, ele lhes anuncia o Deus vivo, o Deus cheio de vida que pode dar vida também a eles, do mesmo modo que voltou a encher de vitalidade o homem que estava sem força.

Esse Deus se mostra a todas as pessoas. Ele se mostrou também para as pessoas de Listra:

> Ele nunca deixou de dar testemunho de si mesmo, fazendo o bem e enviando do céu as chuvas e as estações férteis, enchendo de alimento e de alegria os vossos corações (At 14,17).

Portanto, Paulo partiu das experiências que os pagãos faziam de Deus; eles podiam experimentar Deus na criação em seu cuidado com os seres humanos. Nesse ponto, Paulo ainda não falou de Jesus, mas confirmou a espiritualidade dos pagãos de Listra, que se baseava na criação. Lucas descreve as pessoas de Listra como incultas. Por isso, Paulo tampouco usou os conceitos da filosofia grega, mas imagens de pessoas que experimentavam Deus na criação, o Deus que lhes concedia alimento e alegria. Portanto, em primeiro lugar, Paulo estabeleceu uma relação com as pessoas com as quais falava. Em algum momento posterior ele poderá ter falado de Jesus. No entanto, em Listra, isso não chegou a acontecer.

A multidão, embora fascinada pelo poder divino de Paulo e Barnabé, deixou-se persuadir por judeus que vieram de Antioquia e Icônio para apedrejar Paulo. Isso mostra que aquelas pessoas não foram sustentadas pela fé. Primeiramente elas quiseram oferecer sacrifícios a Paulo e Barnabé, mas depois se tornaram seus mais ferrenhos inimigos. Eles apedrejaram Paulo e o arrastam para fora da cidade, achando que ele estivesse morto.

Lucas está ciente de que adversidades também fazem parte da proclamação do Evangelho. Assim, Paulo encorajou os cristãos que o rodeavam, achando que ele estivesse morto:

> É preciso passar por muitas adversidades para entrar no Reino de Deus (At 14,22).

Lucas conhece as duas coisas: o êxito dos mensageiros e as adversidades que os aguardam, fazendo disso uma doutrina. E isso aguarda todos nós, cristãos. Porém, Lucas escreve a respeito da adversidade tendo como pano de fundo os milagres efetuados por Deus. Paulo se levantou, apesar de acharem que ele estivesse morto. O mensageiro de Jesus é capaz de fazer milagres e de enfrentar todas as adversidades com o poder dele. Do seguimento de Jesus também faz parte que seus discípulos entrem no Reino do Céu passando por muitas adversidades; o que os aguarda é o mesmo destino sofrido por Jesus, que chegou à ressurreição passando pela adversidade da cruz. Assim também, o nosso caminho passa por todo tipo de dificuldades e sofrimentos.

Quando medito nessa narrativa magistral de Lucas, tendo como pano de fundo a nossa situação atual, três aspectos chamam a minha atenção.

Primeiro aspecto: na condição de mensageiros não devemos deixar que sejamos tratados como se fôssemos gurus. Paulo e Barnabé são endeusados pelos ouvintes pagãos; porém, eles resistem a isso, dizendo que são seres humanos iguais aos seus ouvintes. Devemos confiar no poder da mensagem que pode efetuar muitos milagres ainda hoje. Mas, ao mesmo tempo, não podemos nos sentir importantes por causa disso, mas sempre como seres humanos que têm as mesmas necessidades que seus ouvintes.

Segundo aspecto: é necessário tomarmos como ponto de partida as experiências das pessoas – dos pagãos e de quem não têm noção da tradição cristã. A natureza é uma mestra que nos revela algo de Deus; Ele não é uma divindade terrível, mas uma que cuida de nós, que nos concede estações fecundas, que faz coisas boas para nós e enche o nosso coração de alegria. Sempre que algo floresce dentro de nós podemos experimentar Deus, e sempre que experimentamos alegria em nosso coração nós o encontramos. A arte de Lucas é partir do que as pessoas experimentaram e abrir essas experiências para Deus, e nisso também consiste a nossa missão. É preciso nos imbuirmos do modo de pensar das pessoas: O que lhes dá alegria? Em que elas sentem vitalidade e fecundidade? São essas as experiências que devemos abrir em direção a Deus.

Terceiro aspecto: o nosso caminho também passa por todo tipo de adversidade. Não precisamos procurar o sofrimento – isso seria masoquismo; porém, devemos contar com a possibilidade de, na condição de cristãos e proclamadores da mensagem de Jesus, encontrarmos resistência, sermos feridos e às vezes também apedrejados por dizer palavras que não agradam a todos. Não devemos nos curvar diante disso, mas anunciar a mensagem de Jesus de cabeça erguida, não nos importando se ela for acolhida – e assim poderemos nos congratular com o êxito obtido – ou se forem tomadas medidas contra nós porque nossas palavras não conseguem ser suportadas.

11
Resolução de conflitos na Igreja

Lucas nos conta de modo magistral como a primeira Igreja resolvia os conflitos entre cristãos de origem judaica e cristãos de origem pagã. Alguns dos cristãos de origem judaica exigiram dos cristãos de origem pagã que se deixassem circuncidar e observassem a totalidade da lei do Antigo Testamento. A comunidade cristã de origem pagã em Antioquia ficou preocupada com isso e enviou Paulo e Barnabé a Jerusalém. Portanto, ela reconheceu a comunidade de Jerusalém como líder da Igreja; poderíamos dizer: ela reconheceu o magistério da Igreja universal. Ela quis permanecer unida à Igreja de Jerusalém e viver sua fé em sintonia com os apóstolos, sem ter de assumir a circuncisão e a lei judaica.

Lucas nos conta de modo muito vívido o desenrolar do Concílio dos Apóstolos. A expressão "Concílio dos Apóstolos" gera mal-entendidos, pois o que Lucas nos descreve é a assembleia da comunidade cristã em Jerusalém (cf. NEUBERTH, p. 62-63). Nela, os apóstolos desempenharam um papel importante, mas aqui se trata da *Ekklesía*, da Igreja: a assembleia de todos os crentes. Novamente Lucas faz uma narrativa cheia de suspense sobre o que nela aconteceu. No início houve um conflito acirrado, mas Pedro se apresentou e fez um discurso sobre a conversão e do batismo do pagão Cornélio. O próprio Deus tinha tomado a decisão em favor da missão aos pagãos, quando Pedro foi enviado a Cornélio por meio de um sonho e derramou sobre os pagãos o Espírito Santo. Pedro proclama, em termos similares aos da teologia paulina, que não somos salvos pela lei, mas pela graça de Jesus (At 15,11). No entanto, há uma diferença entre a teologia de Lucas e a de Paulo: para Paulo, é a fé que nos salva; para Lucas, é a graça de Jesus que nos cura e salva, salvando, assim, os judeus do mesmo modo que os pagãos. Sob a impressão desse discurso os ouvintes silenciaram, e nesse contexto Lucas faz Paulo e Barnabé contarem os prodígios efetuados por Deus aos pagãos.

Depois disso entrou em cena Tiago, tido como representante dos cristãos de origem judaica. Pedro havia mencionado a conversão de Cornélio; Tiago provou a partir das Escrituras que os pagãos podem se tornar cristãos, citando os profetas Amós e Jeremias para mostrar que Deus também chamou os pagãos à fé. Já Lucas cita a tradução da Septuaginta, que fala do restante da humanidade quando o texto hebraico fala do restante de Edom. Depois de apresentar a prova escriturística, Tiago conclui que não se deveria sobrecarregar os pagãos. Mas enumera quatro exigências rituais que correspondem ao que Moisés exigiu dos pagãos em Lv 17–18. Portanto, Tiago também fundamenta biblicamente essas quatro exigências impostas por Moisés, não aos judeus, mas aos pagãos que moravam entre os judeus. Lucas quer mostrar, com isso, que a missão aos pagãos está em consonância com Moisés, o grande legislador de Israel.

A Igreja não deve sobrecarregar os pagãos, mas exigir deles somente o que possibilita a boa convivência deles com os judeus. Foi assim que Moisés fundamentou essa questão, que continua sendo uma boa regra para nós; hoje há diversos tipos de espiritualidade, com pessoas vivendo-a de modo mais ascético e outras de modo mais liberal. O decisivo é que a boa convivência seja possibilitada.

Os dois discursos, de Pedro e de Tiago, convenceram os apóstolos e os presbíteros, e eles decidiram eleger homens da comunidade e enviá-los com um decreto a Antioquia. Assim, Lucas fundou a missão aos pagãos com uma resolução oficial da assembleia da comunidade em Jerusalém. Nessa assembleia não houve somente a instituição de uma opinião, mas se ouviu o que disse o Espírito Santo. Em consequência, Lucas inicia o decreto com uma introdução solene:

> Pareceu bem ao Espírito Santo e a nós não vos impor nenhuma outra exigência além das necessárias: que vos abstenhais das carnes imoladas aos ídolos, do sangue, das carnes sufocadas e da prostituição. Procedereis bem evitando essas coisas. Passai bem (At 15,28-29).

Os apóstolos discutiram e buscaram uma solução. Ao fazer isso, não deram ouvidos à opinião de outros, mas à voz do Espírito Santo.

Isso também é um modelo para os dias atuais. Durante muito tempo as opiniões contrárias foram ignoradas na Igreja evocando-se a infalibilidade do papa. Isso resolvia tudo. No entanto, o Concílio dos Apóstolos nos mostra outro caminho: expor as diferentes opiniões e, depois de consultar a

Sagrada Escritura (Tiago), interpretar os sinais dos tempos (Pedro), dando-se ouvidos ao que o Espírito Santo quer nos dizer e buscando uma solução válida para todos. O Concílio dos Apóstolos é análogo ao magistério da Igreja. Só que esse magistério não pode tomar decisões arbitrariamente, mas só depois de ouvir a Sagrada Escritura, os sinais dos tempos e o Espírito Santo.

Esse ouvir triplo não vale só para o magistério, mas para toda e qualquer discussão teológica na Igreja. Pode haver diferentes opiniões válidas; porém, em questões decisivas é preciso chegar a uma conclusão. A decisão não diz respeito à doutrina, à dogmática da Igreja, mas ao modo como os cristãos conseguem conviver em concórdia. Com sua decisão os apóstolos não só legalizaram a missão aos pagãos, mas também encontraram uma maneira de como cristãos de origem judaica e cristãos de origem pagã poderiam conviver bem e sobretudo ter comunhão de mesa. Desse modo eles impediram uma cisão.

Infelizmente a história da Igreja mostra muitos exemplos de que não se deu ouvidos a essas três vozes, mas reiteradamente foi colocado em jogo o fator "poder". Quando entra em questão o poder do mais forte, nenhuma discussão teológica é possível. Por muito tempo e de maneira autoritária simplesmente se rejeitou e desqualificou opiniões por não estarem em consonância com a fé. Esse procedimento não permitiu discussões teológicas.

Contrastando com isso, o Concílio dos Apóstolos, descrito por Lucas de maneira magistral, é um modelo de discussão na Igreja e de como os cristãos devem resolver conflitos entre si. Estes só podem ser resolvidos quando os cristãos ouvem-se mutuamente e, juntos, também ouvem o Espírito Santo, que nos fala por meio da Bíblia e dos fatos históricos.

Quando comparamos a exposição que Lucas faz do Concílio dos Apóstolos com a descrição de Paulo na Carta aos Gálatas, constatamos muitos pontos em comum, mas também percebemos diferenças. Lucas prioriza a reconciliação, ao passo que Paulo visa sobretudo a razão; para Paulo é importante proclamar o Evangelho sem dissimulação. No entanto, sentimos que ele tem a tendência de querer ter razão; ao defender a verdade do Evangelho, ele caracterizou Pedro de hipócrita porque este não quis fazer suas refeições com os pagãos em consideração aos cristãos de origem judaica. Após o Concílio dos Apóstolos, como descrito por Lucas, estabiliza-se a situação entre os cristãos de origem judaica e os de origem pagã. Em contrapartida, sentimos em Paulo uma cisão, que é mostrada em alguns versículos seguintes à descrição do Concílio dos Apóstolos. Paulo e Barnabé se põem a caminho para proclamar a palavra de Deus às comunidades pagãs; no entanto, porque Barnabé também quis levar Marcos, "houve tal desentendimento entre eles que chegaram a separar-se um do outro" (At 15,39). Barnabé embarcou com Marcos para Chipre, Paulo escolheu outro companheiro, Silas, e com ele percorreu a Síria e a Cilícia. Deus pode transformar em bênção até mesmo a divisão dos discípulos; os irmãos que brigaram acabaram fazendo missão em regiões diferentes.

Na Carta aos Gálatas, Paulo descreve de outra maneira a razão da briga com Barnabé. Paulo se separou de Barnabé porque este se solidarizou com Pedro e deixou de comer em companhia dos pagãos (Gl 2,13-14). Também na Carta aos Gálatas Paulo ressalta que não concorda teologicamente com

Pedro e Barnabé, pois há uma diferença de concepção fundamental. Percebe-se a tentativa de Lucas de atenuar a gravidade desse conflito fundamental, alegando como razão para a separação um desapontamento pessoal com João Marcos, que manifestamente havia interrompido sua primeira viagem missionária e retornado a Jerusalém sem o consentimento de Paulo (At 13,13). Porém, o interesse de Lucas é ressaltar a paz instaurada pelo Concílio dos Apóstolos entre os cristãos de origem judaica e os de origem pagã.

É verdade que depois do Concílio dos Apóstolos ele continua a descrever situações nas quais os judeus se voltaram contra Paulo e também instigaram os pagãos a se oporem a ele. No entanto, para Lucas o problema da comunhão de mesa entre judeus e cristãos e o problema da lei estavam fundamentalmente resolvidos. Lucas tem uma estrutura psíquica mais conciliadora do que Paulo, promovendo a união entre as pessoas; Paulo tende a causar divisão. Hoje precisamos que haja na Igreja esses dois tipos, de um Paulo que se bate pela verdade e de um Lucas que reúne e reconcilia os diferentes grupos. Tenho mais simpatia pela postura de Lucas. Sei, por experiência própria que, quando tento enfatizar demais a verdade tenho a tendência de querer ter razão em tudo. Lucas me mostra como são relativas todas as sentenças sobre a verdade. Somente em Deus está propriamente a verdade, mas Ele se encontra além de todas as palavras humanas. Em vista disso só podemos tentar encontrar maneiras de conviver reconciliados, apesar de toda a diversidade.

12

Lídia, a comerciante de púrpura

Baseando-se em um sonho, Paulo foi para a Europa, chegando a Filipos, que era uma cidade de colonizadores italianos, sobretudo de soldados e funcionários romanos aposentados. Ali praticamente não havia judeus. Junto ao rio, Paulo encontrou uma pequena casa de oração com apenas algumas mulheres reunidas. Entre elas estava Lídia, uma bem-sucedida comerciante de púrpura; ela era de Tiatira, a capital do tingimento de púrpura. Os tecidos de púrpura eram mercadoria de luxo, utilizados por pessoas ricas; ou seja, Lídia, evidentemente, era rica, possuindo uma grande casa com muitos escravos. Ela não era judia, mas juntou-se às mulheres judias piedosas para celebrar com elas o culto no sábado. A respeito dela consta que o Senhor abriu seu coração, de modo que escutou com atenção as palavras de Paulo e as acolheu. Ela se deixou batizar com toda a sua família e convidou Paulo e os que o acompanhavam a morar em sua casa.

Lucas era grego. Ele escreveu seu Evangelho para o estrato médio grego; ou seja, para os artífices, comerciantes e latifundiários. Em vista disso, ele relata que Paulo também pregou o Evangelho a essa mulher rica e que ela, em consequência, se converteu e pediu para ser batizada. Na Primeira Carta aos Coríntios, Paulo escreve que a comunidade é formada sobretudo por pessoas do estrato mais baixo, por escravos e assalariados simples. Aqui, porém, quem aceita a fé é uma mulher rica, que só não ostenta a sua riqueza. Apesar de ser rica, ela entrou na casa de oração com todas as outras mulheres e, escutando a Sagrada Escritura, sentiu-se tocada pela interpretação de Paulo. Assim, ela compartilhou sua riqueza com os irmãos e as irmãs, acolhendo Paulo e seus acompanhantes em sua casa. Ela se tornou líder da pequena Igreja em Filipos – uma Igreja doméstica –, e toda a sua casa pediu para ser batizada. É de se supor que as mulheres que se encontravam na casa de oração judaica também passaram a frequentar sua casa para celebrar o culto. Lucas não nos informa que tipo de culto era aquele; talvez tenham celebrado ali a Eucaristia. Lídia, evidentemente, tornou-se uma líder comunitária. Portanto, as mulheres desempenharam um papel importante na Igreja dos primórdios; é o que Lucas nos mostra nessa história.

Lucas também mostra que os primeiros cristãos viveram sua fé principalmente em Igrejas domésticas. Kliesch descreve assim essas Igrejas domésticas:

> Na Igreja originária, os crentes se encontravam principalmente em algumas casas para refletir sobre a palavra de Deus, sentir Jesus Cristo em seu meio, fazer as refeições juntos e celebrar a Eucaristia. [...] Tratava-se de pequenos grupos de cristãos de todos os estratos. Isso criava uma sensação de segurança. As pessoas se conheciam. O contato pessoal com o outro era intenso. A proximidade podia ser vivenciada e sentida. O centro era

formado por Jesus Cristo. Seu Espírito mantinha todos coesos (KLIESCH, p. 113-114).

O modelo de Igreja doméstica foi preponderante na Igreja dos primórdios. Tendo em vista a carência de sacerdotes e do encolhimento da Igreja, este poderia ser um modelo para se vivenciar a fé cristã, proporcionando o sentido de lar e de abrigo e levando experiência espiritual às pessoas, expostas a um mundo cada vez mais anônimo.

Lucas defende em seu Evangelho aquilo que a Teologia da Libertação chama de "opção pelos pobres"; os ricos devem partilhar sua riqueza com eles. Mas os pobres também não devem ser excluídos de nossa prédica e poimênica; o decisivo é anunciar também a eles a palavra de Deus, de tal modo que consigam entendê-la e aceitá-la. Não devemos excluir ninguém da mensagem do Evangelho, tanto os pobres quanto os ricos; tanto os homens quanto as mulheres.

Aqui, foi uma mulher quem fundou uma Igreja; a pequena Igreja doméstica surgida em sua casa pelo batismo é Igreja. Vale ressaltar que as mulheres tiveram um papel importante na Igreja dos primórdios; Lídia colocou sua casa à disposição; no pequeno local de oração de Filipos Paulo anunciou o Evangelho exclusivamente para as mulheres. Isso, evidentemente, é importante para Lucas. Todavia, ele não disse *o como* Paulo falou para elas. Evidentemente, ele lhes falou de tal maneira, que Lídia abriu seu coração para o Senhor.

A história de Lídia é um desafio para nós: hoje a teologia só pode ser desenvolvida por homens e mulheres juntos. No diálogo entre homens e mulheres a visão unilateralmente masculina da fé é rompida e a visão feminina é levada em conta.

A breve observação de Lucas a respeito do grupo de mulheres em Filipos mostra o quanto elas foram importantes na divulgação do Evangelho na Igreja dos primórdios. Este também é um questionamento para nós: quanto espaço concedemos às mulheres para que elas proclamem a boa-nova de Jesus à sua maneira?

13

O louvor a Deus rompe os grilhões

Lucas nos conta uma história maravilhosa de libertação de Paulo e Silas da prisão. Ambos foram jogados na prisão de Filipos com os pés presos a um cepo.

> Por volta da meia-noite, Paulo e Silas, em oração, louvavam a Deus e os outros presos os escutavam. De repente houve um terremoto tão grande que até os fundamentos do cárcere ficaram abalados. Imediatamente se abriram todas as portas e se soltaram as correntes de todos (At 16,25-26).

Paulo e Silas não suplicaram a Deus que os libertasse da prisão, mas cantaram hinos de louvor dentro da prisão, sem saber se algum dia sairiam daquela situação. Ao louvarem a Deus sua situação se relativizou e o louvor mostrou seus efeitos: as correntes se soltaram e as portas se abriram.

Lucas não escreve teologicamente sobre a oração. Ele narra como se ora e qual o seu efeito. Aqui, porém, não se trata de qualquer oração, mas do louvor a Deus, o cantar hinos de louvor. Hoje isso pode nos causar estranheza. Todavia, essa narrativa me traz à memória a frase que Henri Nouwen escreveu depois de sua estadia em um mosteiro trapista:

> Não se constroem mosteiros para resolver problemas, mas para louvar a Deus de dentro dos problemas (NOUWEN, p. 261).

Os dois presos não pediram a Deus para que Ele resolvesse o problema deles, mas louvaram a Deus de dentro do problema. Isso parece paradoxal; porém, eu conheço essa experiência: quando não estou passando bem e cantamos salmos de louvor na oração das Vésperas, inicialmente sinto certa resistência; não tenho ânimo para cantar salmos de louvor. Porém, quando me envolvo nisso, meu ânimo se solta; percebo como tudo se relativiza; deixo de lado a fixação nos meus problemas, na minha angústia, no meu aprisionamento em velhos padrões de pensamento, em moldes doentios de vida. Olho para Deus e, então, algo em mim se solta; de repente as amarras se soltam e sinto uma amplidão interior.

A história da libertação prossegue. O carcereiro pensa em se matar, pois fica com medo da punição que sofrerá dos seus superiores devido à fuga dos seus prisioneiros. No entanto, Paulo gritou para ele:

> Não te faças nenhum mal, pois estamos todos aqui (At 16,28).

Ele acabou acolhendo Paulo e Silas em sua casa, lavou suas feridas e lhes serviu comida, pedindo para ser batizado. Muitos exegetas só se interessam pela conversão, mas a narrativa edificante de Lucas ainda tem um significado mais profundo: o carcereiro também pode ser uma imagem para a instância interior de controle que nos mantêm presos. No acompanhamento presencio pessoas que identificam sua instância de controle.

Elas gostariam de se livrar dela imediatamente; matá-la, por assim dizer. No entanto, o ato de controlar também é uma força. Se renuncio inteiramente a ela, fico desprotegido. Como descreve Lucas, trata-se de dialogar com a instância de controle e transformá-la. Nesse caso, o carcereiro pode se tornar um terapeuta e alguém que me alimenta à sua mesa. Nesse caso, sinto que o ato de controlar também me protege, que não me torno amorfo nem me esfacelo interiormente. Porém, no ato de louvar me distancio da tendência de querer controlar tudo. De dentro do controle em que estou preso olho para Deus, e isso faz com que as portas se abram e as correntes se soltem.

Há exegetas que não dão valor a essa narrativa milagrosa; ela não teria pano de fundo histórico. Porém, pensando assim, eles desconsideram a magistralidade narrativa que Lucas nos atesta em Atos dos Apóstolos. Para Plümacher, essa narrativa dramática quer transmitir, também aos leitores de hoje, "que os apóstolos sempre acabam se mostrando senhores da situação, por mais que ela pareça sem saída. [...] Eles e sua causa nunca precisam sair como derrotados" (PLÜMACHER, p. 96-97). Esta é a mensagem da narrativa para o leitor, que deveria confiar que Deus o protege em toda situação quando se volta para Ele, como fizeram Paulo e Silas, e quando o coloca no centro de sua vida. Porém, Paulo também levava em consideração os direitos humanos, o direito que ele tinha como cidadão romano. Assim, ele não se contentou apenas em ser solto; aqueles que mandaram açoitá-lo injustamente sem julgamento deveriam soltá-lo pessoalmente. Portanto, Paulo faz questão do seu direito como ser humano e cidadão (ZMIJEWSKI, p. 616).

Nós também podemos trazer a mensagem para o nível pessoal, integrando-a ao nível do sujeito, fazendo uso de um conceito de C.G. Jung. Isso significa que tudo o que a história narra pode ser uma imagem para o que acontece dentro de nós. Aqui é uma imagem da maneira como conseguimos sair da prisão interior por meio do louvor a Deus e como chegamos a estabelecer uma nova relação com os nossos carcereiros interiores. Justamente quando faz uma narrativa edificante Lucas aponta para a nossa vida, narrando a respeito do caminho da nossa humanização. Com essa narrativa ele nos encoraja a não ficar lamentando, mas a louvar a Deus de dentro dos problemas. Repetidamente fazemos isso como Igreja. Embora a política seja tudo, menos motivo de alegria, ousamos louvar a Deus também em relação a ela. No louvor a Deus antecipamos o seu agir libertador; quando olhamos para esse Deus nossa vida se transforma. Para os judeus piedosos louvar e viver são idênticos; quem não louva não vive realmente. Assim, Lucas não quer somente nos contar uma história missionária, mas o que importa na espiritualidade: louvar a Deus. Dirigindo nosso olhar para Deus conseguimos ver mais adequadamente a nossa vida. Quando Deus se torna o centro de nossa vida nós chegamos ao nosso centro.

14

O discurso no Areópago

Falar adequadamente da fé no diálogo com a filosofia

No discurso de Paulo no Areópago o Evangelista Lucas expôs de modo marcante o modo como podemos falar hoje com pessoas que não se consideram cristãs mas que buscam algum sentido para a vida. Ele nos mostra que linguagem podemos usar para quem busca respostas para sua vida na filosofia ou na psicologia ou mesmo que negam Deus. Com esse discurso no Areópago Lucas quer apresentar claramente aos leitores "o êxito do cristianismo, também perfeitamente reconhecido pelos pagãos, no ingresso ao mundo da cultura helenista" (PLÜMACHER, p. 97). Lucas faz Paulo discutir com representantes de duas escolas filosóficas, com os estoicos e os epicuristas.

> Isso quer dizer que justamente os expoentes da formação grega pensavam que o cristianismo deveria ser levado em consideração (PLÜMACHER, p. 98).

No entanto, o que me interessa antes de tudo é como Lucas se relaciona com essas duas correntes da filosofia grega e como ele tenta transmitir a elas a mensagem cristã. Os estoicos acreditavam em Deus. Tratava-se, porém, de um deus filosófico que conferia forma e entretecia o mundo inteiro, o fogo que colocava tudo em movimento, o espírito que impregnava tudo. No entanto, praticamente não existia uma relação pessoal com Deus, considerado uma razão cósmica. E por participar dessa razão cósmica o ser humano também tinha parte no divino.

A escola de Epicuro não chegava a negar os deuses gregos, mas estes não desempenhavam papel relevante para ela; eles viviam para si e não tinham relação com o ser humano. Na morte, as pessoas se dissolviam no nada, e o que importava era a felicidade e a satisfação humanas. Portanto, era uma escola que defendia um ateísmo prático, com o qual Paulo entrou em debate.

Primeiramente Paulo discutiu com representantes dessa escola, sendo que alguns zombaram dele e o chamaram de tagarela – o sentido literal do termo é "bicador de grãos", usado para designar alguém que pega uma ideia alheia e a passa adiante sem entender (cf. HAENCHEN, p. 455). Os filósofos epicuristas rejeitaram Paulo, mas os estoicos pelo menos mostraram interesse. No entanto, compreenderam Paulo equivocadamente, achando que ele estava anunciando novas divindades, que Jesus e a ressurreição (*anástasis*) seriam algo como deus e deusa. Assim, eles convidam Paulo a ir com eles até o Areópago e lhes explicar melhor a nova doutrina que ele estava trazendo. Na descrição dessa cena Lucas sempre tem em vista a imagem de Sócrates, que foi condenado pelos atenienses por ter anunciado uma imagem diferente e nova de Deus.

Ora, Paulo fez um discurso que poderia servir de modelo para o nosso diálogo com as pessoas que estão afastadas da Igreja. Paulo começou com uma *captatio benevolentiae* – ou seja, a tentativa de ganhar a atenção dos ouvintes curiosos – caracterizando-os como pessoas especialmente piedosas. Ele se dirigiu conscientemente aos adeptos da filosofia estoica, que considerava os únicos interlocutores que podiam ser levados a sério em Atenas. Os sacerdotes gregos, em contrapartida, eram meros prestadores de serviço cúltico e não tinham renome entre o povo. Nesse discurso Lucas reconheceu todas as coisas boas que os filósofos gregos haviam dito sobre o mistério do ser humano e louvou o zelo espiritual dos gregos, que construíram muitos templos e altares em sua cidade.

Paulo – como Lucas o vê – refere-se, acima de tudo, ao altar com a inscrição "Para o deus desconhecido". Este foi o seu ponto de partida:

> Aquilo que venerais sem conhecer é o que vos anuncio (At 17,23).

Supõe-se que não havia em Atenas um altar "Para o deus desconhecido" no singular, mas somente um altar "Para os deuses desconhecidos e estranhos". Mais do que expressão de busca espiritual, esse altar era a demonstração do temor de ter esquecido algum deus dos outros povos e então poder incorrer no seu castigo, e isso passou a ter também conotação política, visando intensificar as relações políticas com países em que eram adorados deuses desconhecidos ou estranhos aos gregos (cf. KLAUCK, p. 86-87). Lucas não diz "aquele que venerais", mas "aquilo que venerais":

Portanto, Lucas teve o cuidado de não supor uma imagem de deus pessoal de contornos claros subjacente à inscrição no altar. Ele intuiu isso na alma humana, mas os conteúdos essenciais da proclamação cristã não podem ser encontrados exclusivamente por meio da reflexão sobre as tradições religiosas da humanidade (KLAUCK, p. 87).

Depois de Paulo ter assegurado o interesse de seus ouvintes, ele começou com enunciados que também os filósofos poderiam aceitar, falando da criação do mundo por Deus; retomou as concepções críticas à religião do estoicismo dizendo que Deus não habita em templos. A respeito desse Deus, Paulo disse que Ele não é servido por ninguém, mas "dá a todos a vida, o alento e tudo mais" (At 17,25). Desse modo, Paulo transmitiu aos seus ouvintes que eles vivem das dádivas de Deus; que todas as capacidades deles provinham de Deus.

O enunciado seguinte pode ser entendido de diferentes maneiras:

> Deus fez nascer todo o gênero humano de um só [ser humano] (At 17,26).

Porém, o termo *ex henós* (de um só) também pode ser traduzido diante do pano de fundo da filosofia grega por "do Uno". Para a filosofia grega de Parmênides ou Heráclito o Uno (*tó hén*) é o princípio fundamental de todo ser; o Uno é simultaneamente tudo, e tanto o *muitos* quanto o *oposto* se originam do Uno. Assim, aqui não foi feito qualquer enunciado biológico sobre a origem do ser humano, mas se visibilizou uma filosofia do Uno. Lucas se refere ao anseio dos gregos pelo "fundamento originário único de todo ser", e a partir desse fundamento originário do ser Deus criou o ser humano; este tem parte no cosmo inteiro e foi criado a partir da mesma poeira estelar. Assim, os humanos também são unos em sua essência. E, dado que são criados a partir do Uno, eles também têm parte no único Deus, que é o fundamento de *tó hén* (do Uno). A unidade de essência deveria levar também a uma convivência que não divide, mas une.

Deus criou os seres humanos "para que procurem Deus e se esforcem por achá-lo, mesmo às apalpadelas. Pois não está longe de nenhum de nós" (At 17,27). Paulo pediu aos ouvintes que eles também cumprissem essa missão do ser humano de procurar Deus. Porém, para ele não é óbvio se realmente conseguiriam encontrá-lo. Antes da palavra para encontrar, consta em Lucas a palavra curiosa e rara *pselafáein* (apalpar). Fílon interpreta essa palavra como apreender o divino, e Lucas também traz esse termo para a história da ressurreição: Jesus chama os discípulos a apalpá-lo e responde ao apalpar dos discípulos com a palavra estoica:

> *Egó eimí autós* (Sou eu mesmo) (Lc 24,39).

Ele não tem em mente apenas uma apreensão espiritual, mas um tocar concreto. E o alvo desse apalpar é que eu entre em contato comigo mesmo, com meu verdadeiro eu e reconheça o mistério da minha pessoa no encontro com o divino que apalpo na natureza.

No discurso do Areópago, a fundamentação de Lucas para esse apalpar é esta:

> Pois não está longe de nenhum de nós (At 17,27).

Portanto, pelo fato de Deus estar tão perto de nós, por nos envolver em toda a criação, podemos tocá-lo em tudo o que apalpamos; ao tocar as flores tocamos Deus como criador delas. E inversamente podemos dizer: sempre que realmente nos deixamos tocar é Deus quem nos toca. Esse enunciado é palavra-chave justamente no diálogo com o ser humano que procura; quando alguém se deixa tocar em seu coração, ele encontra Deus ou, como na expressão de Lucas, ele acha Deus. Quando somos tocados pela beleza de uma flor, pela beleza de uma pessoa, pela beleza de uma paisagem ou pela beleza de uma imagem, no fundo é Deus quem nos toca.

Em seu cerne esse tocar quer dizer bem mais do que pegar alguma coisa. O que acontece realmente quando eu toco uma flor ou a grama macia? O que ou quem estou tocando? No fundo, é sempre o mistério da vida, o mistério de Deus que estou tocando. Para o estoicismo seria o mistério da razão cósmica divina ou também do fogo divino, do espírito divino que impregna tudo. Lucas, em contraposição, interpreta como o Deus e Pai de Jesus Cristo, a quem tocamos em tudo o que apalpamos.

Lucas explicita a proximidade de Deus com uma frase que também poderia ser de um filósofo estoico:

> É nele que vivemos, nos movemos e existimos, como alguns de vossos poetas disseram: "Porque somos geração dele" (At 17,27-28).

Sêneca diz que Deus habita em cada um de nós. Lucas inverte isso: nós vivemos em Deus; em Deus nos movemos; em tudo estamos envoltos com a presença de Deus; vivemos no Uno, a partir do qual fomos criados. Lucas cita um verso do poeta Arato de Solos, do século III a.C.: "Porque somos geração sua". A filosofia estoica entende essa frase em termos panteístas:

> Os assim chamados deuses são componentes deste mundo, forças intramundanas que não se diferenciam fundamental, mas apenas gradualmente do ser humano (KLAUCK, p. 93).

Mas Lucas a interpreta como presente de Deus, porque Ele nos criou à sua imagem. Lucas vê a dignidade do ser humano fundada no fato de sermos geração de Deus. Consequentemente, não devemos adorar deuses feitos por nós mesmos, mas o Deus que corresponde ao nosso modo de pensar; o Deus que é Espírito e que impregna tudo.

Até então, Lucas argumentou, por um lado, com a espiritualidade da criação conhecida dos filósofos gregos e, por outro, com citações da literatura grega. Ele "retomou formulações da literatura conhecida dos/das ouvintes, de Cleantes, Platão, Eurípides, Hesíodo, mas não com citações exatas. Porém, os/as ouvintes sentiram que o discurso lhes dizia respeito e valorizaram o pensamento e a linguagem que lhes eram conhecidos" (HECHT, p. 106).

Entretanto, Paulo terminou seu discurso mencionando a ressurreição de Jesus. Deus legitimou Jesus diante de toda a humanidade por "tê-lo ressuscitado dos mortos" (At 17,31). Paulo quis levar os ouvintes-filósofos, que tanto buscavam o conhecimento (*gnôsis*) a "se converterem da ignorância para o verdadeiro conhecimento, ou então para a noção real do agir de Deus" (HECHT, p. 106). Portanto, ele quis tematizar sua ânsia de conhecimento e levá-los ao conhecimento que também se refere à morte e àquilo que acontece nela. Essa mensagem extrapolou o que os filósofos estoicos haviam pensado até então. Por isso eles tiveram dificuldade em aceitá-la.

Por essa razão, a maioria dos filósofos estoicos teve uma reação negativa:

> A este respeito te ouviremos noutra ocasião (At 17,32).

Paulo experimentou aqui os limites de sua prédica. Ainda assim, alguns aderiram e o diálogo prosseguiu. Para Ernst Haenchen, o desfecho para Paulo de modo nenhum foi malsucedido. Lucas mostra, antes, que "Paulo se saiu muito bem numa situação complicada" (HAENCHEN, p. 464). De um modo ou de outro Paulo pôde contabilizar um pequeno êxito, pois pelo menos dois convertidos foram mencionados: Dionísio Areopagita – evidentemente um filósofo –, e Dâmaris – supostamente uma mulher de *status* e renome em Atenas. Paulo foi levado a sério por filósofos gregos, mas rejeitado pela maioria deles:

> A totalidade da fé não pode ser transmitida como continuidade orgânica do que existiu até ali, mas pressupõe, em determinado ponto, também ousadia, decisão, ruptura com o passado e pôr-se a caminho do incerto (KLAUCK, p. 97).

Com esse discurso no Areópago Lucas realiza algo bastante significativo, mostrando aos leitores cristãos que sua fé

> pode perfeitamente ser fundamentada racionalmente, porque ela converte uma intuição obscura da alma humana em decisão clara e se apropria das

> melhores tradições da crítica filosófica à religião. Desse modo, ele consolidou o senso de identidade de suas comunidades e as auxiliou a dar conta do difícil equilíbrio constantemente a ser mantido na corda-bamba entre continuidade e esforços de delimitação, de inculturação e evangelização (KLAUCK, p. 100).

Para mim, o discurso no Areópago que Lucas esboçou no diálogo com a filosofia estoica e socrática constitui um desafio para encontrar a maneira de falar de Deus hoje às pessoas que têm dificuldade de crer em Deus, às pessoas que talvez acreditam em uma lei cósmica ou em uma razão cósmica – a exemplo dos filósofos gregos –, mas rejeitam a imagem do Deus pessoal dos cristãos.

Lucas não quer impingir aos seus ouvintes essa imagem pessoal de Deus. Ele quer primeiramente confirmar a proximidade de Deus, a exemplo de como os filósofos gregos também a entenderam, a saber, como proximidade do espírito divino que impregna todas as coisas. Só então ele fala do agir de Deus na história; agora Deus interfere na história; Ele não levou em conta os tempos da ignorância, mas agora faz anunciar que as pessoas se convertam, que mudem sua maneira de pensar.

A ideia da ressurreição provocou resistência na maioria dos ouvintes, mas alguns se deixaram tocar pelas palavras de Paulo. Isso também nos dá a esperança de que determinadas pessoas compreendam o que queremos dizer quando falamos da ressurreição dos mortos, pois esta corresponde ao nosso anseio mais profundo e o Ressurreto pode se tornar mestre de uma sabedoria e de um conhecimento mais profundos. Não se trata, portanto, de argumentar contra a razão, mas de elevá-la a uma forma superior do conhecimento.

Meditar sobre o discurso no Areópago nunca é demais. Ele constitui um desafio permanente para nós, de nos colocarmos dentro da maneira de pensar do ser humano atual, do mesmo modo que Lucas se imbuiu da mentalidade dos filósofos gregos. Desse modo poderemos nos empenhar em utilizar uma linguagem que toca as pessoas que, por exemplo, trabalham como psicoterapeutas e pesquisadores engajados na área do cérebro. Todas essas pessoas exigem de nós que, a exemplo de Lucas, sejamos sensíveis para a sua mentalidade, para então anunciar-lhes a mensagem de Jesus. Não devemos fazer isso simplesmente como confirmação de sua pesquisa, mas aproximar a mensagem delas de tal modo que se sintam compreendidas e, ao mesmo tempo, seja tematizado um anseio mais profundo dentro delas; um anseio que as leve a transcender tudo o que é passível de pesquisa e chegar a um mistério que está acima de todos nós e, ao mesmo tempo, sempre nos envolve. Peter Schellenbaum expressou isso em sua linguagem psicológica no título de um livro: "De acordo com o prodigioso".

15

Paulo em Corinto

As duas cartas aos coríntios mostram a tensão e os conflitos que surgiram entre Paulo e essa comunidade. Na exposição de Lucas nada se percebe dessas tensões e desses mal-entendidos; há apenas uma cesura na atividade missionária de Paulo. No início ele falava diante dos judeus, e essa prédica culminava no enunciado de que Jesus é o Messias. É a isso que os judeus resistem, e não à doutrina da justificação, como se pode deduzir das cartas paulinas.

Corinto tinha sido completamente destruída pelos romanos em 146 a.C., mas Júlio César mandara reconstruí-la. Era um importante centro comercial com população mista; ali havia muitos escravos e artífices e, ademais, uma grande e mal-afamada zona de prostituição. Nessa cidade também havia muitos cultos oriundos do Oriente. Pausânias, que visitou a cidade 100 anos depois de Paulo, encontrou muitos altares e templos dedicados, por exemplo, a Dionísio, o deus da orgia, e Esculápio, o deus da cura, além de santuários a divindades egípcias como Ísis e Serápis.

Foi nesse contexto que Paulo fez missão, iniciando com uma pequena comunidade doméstica. Nesta havia pessoas abastadas, como, por exemplo, Erasto, tesoureiro da cidade; porém, a maior parte era formada por artesãos e escravos. Não devemos imaginar que a comunidade cristã tenha sido especialmente grande; era uma cidade de 100.000 habitantes e havia cerca de 200 cristãos, a maioria deles supostamente de origem pagã.

Paulo morou inicialmente com o casal Priscila e Áquila, e junto com eles exerceu ofício manual. Eles evidentemente eram ricos e haviam sido banidos de Roma sob o Imperador Cláudio. A tradução unificada da Bíblia os descreve como fabricantes de tendas; supostamente trabalhavam no processamento do couro e mantinham uma oficina própria, na qual Paulo pôde trabalhar ao lado de outros colaboradores.

No entanto, quando Silas e Timóteo chegaram da Macedônia com uma doação mais vultosa de dinheiro, Paulo pôde se dedicar integralmente à atividade missionária. Isso possibilitou que ele anunciasse a mensagem de Jesus como Messias, tanto a judeus como a gregos (pagãos). Quando os judeus começaram a resistir, Paulo se voltou com dedicação aos pagãos. No entanto, com sua prédica, ele também obteve êxito entre um grupo de judeus. Crispo, chefe da sinagoga, deixou-se batizar com toda a sua casa, e muitos outros judeus aderiram a ele. No entanto, houve judeus que se voltaram contra Paulo, fazendo queixa contra ele ao governador romano Galião, irmão do filósofo Sêneca. No entanto, Galião considerou o conflito como uma controvérsia interna dos judeus e os pôs para fora do tribunal. Essa história terminou em pancadaria. As pessoas supostamente hostis aos judeus de Corinto espancaram Sóstenes, chefe da sinagoga; porém, Galião não deu importância ao fato. Lucas quis mostrar com isso que o poder estatal romano tinha uma postura amistosa em relação ao cristianismo e não se intrometia nas controvérsias teológicas entre judeus e cristãos; não havia razão para que a autoridade romana condenasse os cristãos.

Paulo permaneceu por um período especialmente longo em Corinto; um ano e meio, diz Lucas. Isso é sinal da importância especial dessa cidade para a missão de Paulo aos pagãos. As cartas aos coríntios devem ser lidas sobre o pano de fundo do esquema de prostituição (cf. 1Cor 6) e dos cultos de mistérios (cf. 2Cor 3,18; 4,6). Sobretudo em 2Coríntios, Paulo assume muitas expressões dos cultos de mistérios. Identificamos um pequeno reflexo da linguagem de mistérios na visão noturna de Paulo, sobre a qual escreve Lucas. Do mesmo modo que, nos cultos de mistérios, a divindade frequentemente aparece aos místicos. Cristo em pessoa aparece a Paulo e o exorta a anunciar a mensagem sem medo, pois não lhe sucederá mal algum; o próprio Cristo o protegerá de seus inimigos. Por isso, Paulo permaneceu um período mais longo em Corinto:

> Pois eu tenho um povo numeroso nesta cidade (At 18,10).

Com sua descrição da missão em Corinto Lucas quer nos mostrar que também é nossa missão entrar em discussão com todos os movimentos da atualidade: com o tema da sexualidade em nossa sociedade, com o cenário esotérico, com outras religiões e com as diferenças sociais apresentadas pela sociedade atual. Porém, leva tempo até entrarmos em diálogo com todas as correntes e até que consigamos mudar alguma coisa na postura de nossa sociedade em relação a questões religiosas, sociais e morais. A narrativa de Lucas denota seu otimismo no sentido de que, pelo diálogo, é possível transformar toda corrente do nosso tempo, que tudo poderá ser impregnado pelo Espírito de Jesus, porque, em última análise, a mensagem de Jesus corresponde ao anseio que se expressa em todas essas correntes.

Porém, precisamos escutar bem para intuir o anseio das pessoas, que muitas vezes se oculta em formas de expressão peculiares. Somente quando entendermos o anseio que está por trás de todos os movimentos encontraremos, a exemplo de Paulo, uma linguagem que tocará o coração das pessoas. Porém, a exemplo de Paulo, não devemos esperar que uma população inteira se curve a nós. Sempre serão só uns poucos que se deixarão tocar pela palavra da vida.

16

Paulo em Éfeso

Lucas escreve que Paulo permaneceu dois anos em Éfeso; ou seja, ainda mais tempo do que em Corinto. Por isso, a missão em Éfeso teve importância especial para Lucas. Ali Paulo sofreu resistência do paganismo; ele foi acusado de minar os fundamentos da fé pagã nos deuses e, desse modo, de prejudicar o comércio de artigos devocionais. Lucas prende a atenção do leitor com o relato do conflito com a fé pagã, procurando mostrar que o cristianismo é mais forte do que a fé nos deuses. Nesse ponto Lucas concorda com a crítica dos filósofos gregos que haviam reprovado, justamente em Éfeso, a comercialização e a venda da fé nos deuses; os filósofos gregos diziam, de modo similar a Lucas, que não se pode adorar os deuses nas estátuas dedicadas a eles. Deus é o criador do mundo inteiro; Ele mora em toda parte, e não só em templos.

Primeiramente Lucas descreve que Paulo frequentou durante três meses a sinagoga, visando persuadir os judeus do novo caminho de Jesus (At 19,8-9). No entanto, quando eles ofereceram resistência, Paulo alugou a sala de aula da casa de Tirano e ali pregou diariamente o Evangelho de Jesus Cristo.

Em seguida Lucas descreve milagres realizados por Paulo em um estilo que nos parece estranho: pessoas pegavam lenços que haviam tocado na pele de Paulo e os colocavam sobre enfermos, esperando que estes fossem curados. Como isso se concretizou e os espíritos malignos foram expulsos, exorcistas judeus se interessam pelo assunto; eles também gostariam de expulsar esses espíritos malignos. No entanto, por não fazerem isso em nome de Jesus, sofreram resistência dos demônios. Os milagres que aconteceram por meio de Paulo motivaram muitos cristãos a queimarem seus livros de magia – Éfeso era famosa pela quantidade desses livros que nela havia, cujo valor Lucas estimou em 50.000 dracmas de prata; podemos deduzir que muitos cristãos eram ricos e que, mesmo após sua conversão, possuíssem e fizessem uso desses livros. Não foi com apelos morais que Paulo os motivou a queimar seus livros, mas com os prodígios que aconteceram por meio dele. Eles passaram a sentir que o Espírito de Jesus tinha mais força do que todas as práticas de magia contidas naquele tipo de livro.

Depois desses acontecimentos descritos de modo cativante, Lucas passou a narrar detalhadamente o tumulto causado pelos ourives de prata contra Paulo e contra a doutrina cristã. O empresário Demétrio, que produzia miniaturas de prata do templo da deusa Ártemis, e com isso oferecia trabalho a muitos artífices, convocou seus trabalhadores e xingou Paulo. Ele disse que a intenção de Paulo com sua prédica seria destruir a base de seu bem-estar, ao dizer que as imagens feitas por mãos humanas não eram deuses. Éfeso também era famosa por seu grande templo de Ártemis, considerado "uma das sete maravilhas do mundo". Os círculos pagãos em

Éfeso ficaram com medo de que o culto a Ártemis pudesse perder seu atrativo. Por isso, todos os trabalhadores puseram-se a gritar, exaltados: "Grande é a Ártemis dos efésios" (At 19,28), gerando grande agitação. Todos rumaram para o teatro, que comportava 26.000 lugares, sendo que dois dos colaboradores de Paulo foram arrastados para lá. Paulo quis ir para o teatro, mas foi impedido pelos cristãos e por altos funcionários de lá, pois isso só reforçaria o tumulto. A acusação de destruir o culto a Ártemis não foi feita só contra os cristãos, mas também contra os judeus. Por essa razão, os judeus mandaram o seu representante Alexandre, que nem foi ouvido. Em decorrência, o escrivão da cidade interviu e acalmou a multidão – ele tinha medo de que os romanos pudessem usar de violência, pois estes reagiam energicamente diante de todo e qualquer tumulto.

Mas qual é a importância dessa cena pitoresca para a atualidade? A título de comparação, Paulo se defrontou com algumas tendências do paganismo da época: livros de magia e culto a Ártemis, com a sua disseminação por meio da confecção de produtos devocionais de prata. Já naquela época os gregos eram bastante esclarecidos; porém, apesar desse esclarecimento, as práticas mágicas e o culto aos deuses se impuseram. Essas tendências também podem ser encontradas hoje. De um lado, somos esclarecidos; do outro lado, ainda são aplicadas práticas mágicas em muitos círculos. Neles também são consumidos "livros de magia" objetivando a obtenção de efeito mágico. O comércio de artigos devocionais não se restringe somente aos locais de peregrinação católicos, mas também à imposição de consumo de muitos objetos de devoção.

A prédica cristã da liberdade em relação ao consumismo contradiz o pensamento mágico que exige um crescente e constante consumir para o bem da economia. Muitas tendências pagãs são questionadas pela prédica cristã, mas essas mesmas tendências continuam resistindo à mensagem de Jesus Cristo, que não precisa desse tipo de consumo constante e cada vez maior.

Paulo reagiu ao tumulto, encorajando os irmãos (At 20,1) a permanecerem firmes. E partiu em viagem, não querendo atiçar ainda mais os ânimos hostis contra a doutrina cristã. Essa postura também é exigida de nós, que deveríamos manter a calma diante de reações exaltadas, como as que são expostas frequentemente pelos meios de comunicação, prosseguindo nosso caminho com clareza e não dando atenção imerecida a acusações. Isso só provocaria discussões intermináveis. É sábio continuar tranquilamente o nosso caminho.

17

A viagem de despedida e o legado de Paulo

Depois do tumulto em Éfeso Paulo se despediu da comunidade local e partiu para uma "viagem de despedida", visitando mais uma vez comunidades na Macedônia e na Grécia, sobretudo a comunidade em Corinto. Nessa viagem de despedida, Paulo celebrou em Trôade uma Eucaristia vespertina. Ali ele pregou por tanto tempo, que um jovem sentado à janela aberta adormeceu e caiu do terceiro andar, morrendo imediatamente.

Paulo, que está justamente iniciando sua viagem de despedida para a morte, devolve a vida a um morto. Essa é uma imagem indicadora de que Paulo ruma voluntariamente para a morte. Ele também poderia ter impedido a sua morte, mas ele vê nela a vontade de Deus; o Espírito Santo havia lhe revelado isso.

Nessa sua viagem de despedida, Paulo não passou mais por Éfeso, mas pediu que os presbíteros daquela comunidade fossem se encontrar com ele em Mileto. Ali ele fez um discurso de despedida, resumindo mais uma vez o que foi importante para ele em sua atividade missionária e em sua proclamação. O beneditino belga Jacques Dupont interpretou minuciosamente esse discurso de despedida. Ele o entende como legado de Paulo para os conselheiros cristãos. Paulo não falou somente de si mesmo, mas também dos deveres dos conselheiros, da santidade do ministério que lhes foi confiado, da vigilância diante dos perigos que ameaçavam as comunidades e da abnegação que deveria distingui-los em sua missão (cf. DUPONT, p. 19). Ele conclamou os conselheiros a servirem o Senhor com humildade.

> Humildade, lágrimas e provações são as condições para que o Senhor confie aos seus servos um ministério na Igreja (DUPONT, p. 42).

E desse modo Paulo encorajou os cristãos, ainda hoje, a proclamarem a mensagem de Jesus com valentia e liberdade. Ele proclamou a palavra de Jesus com toda a franqueza.

> A fonte da sua franqueza era o amor pela comunidade que lhe fora confiada. Seu coração estava cheio de um amor que era mais forte do que a morte; por isso, os perigos não podiam assustá-lo (DUPONT, p. 62).

Jacques Dupont demonstrou que Lucas, nesse discurso de despedida de Paulo, recorreu a formulações que também haviam sido usadas por oradores gregos. Aqui Paulo falava para cristãos oriundos do paganismo e fez uso de uma linguagem que eles, sendo pessoas de formação grega, entendiam e que lhes tocava o coração. A frase "Vós sabeis que não tenho ocultado coisa alguma que vos pudesse ser útil" (At 20,20) encontra-se quase literalmente em alguns autores gregos. Assim Demóstenes declarou aos atenienses:

> O que digo, digo abertamente e com toda a franqueza, sem ocultar nada (DUPONT, p. 45).

Portanto, Lucas novamente adapta o discurso aos ouvintes, e isso de tal maneira, que eles foram tocados emocionalmente por esse discurso de despedida. Nele, Paulo citou uma frase que teria sido dita por Jesus. Porém, ela não foi encontrada pelos exegetas, nem nos evangelhos nem nas fontes que retomam a tradição oral das palavras de Jesus:

> Maior felicidade é dar do que receber (At 20,35).

Trata-se de um provérbio tipicamente grego e que é citado com frequência na literatura grega. Desse modo, falando a língua dos ouvintes com formação grega, Lucas consegue transmitir a mensagem de Jesus, que Ele certamente formulou de maneira parecida.

Anneliese Hecht interpreta o discurso de despedida de maneira um pouco diferente, identificando nele três partes:

A *primeira parte*, na qual Paulo fez uma retrospectiva de sua atuação pessoal, poderia ser para nós um exemplo de como proclamar a mensagem de Jesus aos cristãos. O modo como Paulo resume sua atuação e sua pregação nos mostra quais são os pontos essenciais que deveríamos levar em consideração na proclamação. Paulo olhou para trás, para o "seu incrível engajamento, adversidades e animosidades, e também para a sua mensagem" (HECHT, p. 107); proclamou o Evangelho da graça de Deus (At 20,24); pregou o que é salutar para os seres humanos, o que eles precisam para viver adequadamente (At 20,20); insistiu com judeus e gregos "sobre a conversão para Deus e a fé em nosso Senhor Jesus" (At 20,21).

Portanto, a prédica cristã é um convite à conversão, à mudança do modo de pensar. Devemos ver o mundo com os olhos de Deus, como Jesus proclamou com suas palavras. E o núcleo da prédica cristã é crer em Jesus Cristo como nosso Senhor; Jesus é o Cristo, o Messias que nos liberta do pensamento errado e do apego às paixões deste mundo, e esse Jesus deve ter o domínio sobre nós. Então seremos verdadeiramente livres da dominação exercida por nossas necessidades e paixões.

Portanto, Lucas resume a mensagem cristã com três frases centrais. A primeira é referente à primazia da graça de Deus; o próprio Deus age por graça, motivado por seu amor por nós, humanos. Isso se torna visível em seu agir e também em sua morte e ressurreição. A segunda diz respeito à conversão, à mudança no modo de pensar e o voltar-se para Deus, afastando-se de todos os ídolos. E a terceira se refere à fé em Jesus Cristo; nele, Deus nos mostra o que é salutar e útil para nós. Não se trata de algum desempenho religioso, mas da confiança em Jesus Cristo, nosso verdadeiro Redentor e Salvador, Médico de nossa alma.

A *segunda parte* da prédica contém uma previsão pessoal de Paulo, daquilo que o aguardava; ele via seu martírio pela frente. Interiormente ele concordava com o que Deus esperava dele e entendia o seu ministério como presente de Jesus. Naquele momento ele o estava devolvendo de bom grado. Paulo falava de modo muito pessoal, de si mesmo. Ele entendia o seu engajamento pelo Evangelho como "entrega total, que não pergunta pelo que ganha da vida, mas pelo que dá aos necessitados, independentemente da adversidade ou do êxito do esforço" (HECHT, p. 108).

> Na *terceira parte* (v. 28-35) Paulo olhou para o futuro da Igreja, primeiramente de modo negativo para aqueles "lobos" que dilaceram as comunidades e "passam a conversa" nelas com coisas falsas; é preciso estar vigilantes contra eles e não lhes dar espaço. Em seguida ele olhou positivamente para onde a palavra de Deus e o seu poder são presenteados, os quais têm efeito edificante na Igreja (HECHT, p. 107).

Portanto, Lucas sabe que a época posterior de Paulo não seria fácil nas comunidades da Ásia Menor. Porém, este não se restringiu à exigência de vigilância, mas confiou na graça de Deus e no efeito da palavra "que pode edificar e dar herança a todos os que foram santificados" (At 20,32). Lucas expressa três desejos, em forma de admoestação, aos líderes da comunidade: o primeiro é que eles prestassem atenção em si mesmos – essa é uma expressão tipicamente grega que Lucas apreciava muito. Eles deveriam prestar atenção na própria alma para que pudessem lidar bem com o ser humano. Em segundo lugar, Lucas deseja que os líderes da comunidade ficassem vigilantes em relação a hereges que apareceriam. E, em terceiro lugar, eles deveriam, a exemplo de Paulo, esforçar-se individualmente por toda pessoa e se ocupar especialmente dos fracos (At 20,35).

Paulo finalizou seu discurso com a frase atribuída a Jesus:

> Maior felicidade é dar do que receber (At 20,35).

Lucas inseriu essa frase para que nos lembrássemos das palavras de Jesus – esse ato de lembrar é muito importante para Lucas. Depois da ressurreição de Jesus o anjo advertiu as mulheres:

> Lembrai-vos do que vos falou quando estava ainda na Galileia (Lc 24,6).

Ser cristão significa lembrar-se reiteradamente das palavras que o próprio Jesus disse. Elas são o parâmetro pelo qual os cristãos devem viver.

Lucas não seria um autor talentoso se tivesse encerrado o discurso de despedida com a advertência de Paulo. Assim, ele ainda descreve com palavras emocionantes como Paulo se ajoelhou e rezou na companhia de todos. Em vez de exortar os discípulos a rezarem, Lucas descreve de modo impactante como Paulo rezou e como eles próprios deveriam rezar. Com frequência Lucas associa o ato de rezar com o gesto de cair de joelhos. Trata-se de um orar intenso que não fica sem efeito:

> Então todos prorromperam num grande pranto; e, lançando-se ao pescoço de Paulo, o beijavam, aflitos, sobretudo por lhes haver dito que não tornariam a ver o seu rosto (At 20,36-38).

Foi uma despedida cheia de emoção; os cristãos não ignoraram a dor da despedida. Porém, logo depois dessa dolorosa despedida e diante do martírio futuro, Lucas descreve o caminho seguido por Paulo como uma marcha triunfal. Na sua última viagem Paulo chegou ao ponto alto de sua atuação missionária; ele proclamou a mensagem de Jesus diante dos governadores romanos e, por fim, em Roma. Lá, ele conseguiu anunciar desimpedidamente a mensagem de Jesus, tanto a judeus quanto a pagãos.

O discurso de despedida de Paulo, como narrado por Lucas, é um convite para refletirmos: O que é central e essencial em nossa proclamação? Como poderemos resumir para as pessoas de hoje a mensagem de Jesus? Também para nós trata-se da primazia da graça, de mudar o modo de pensar e contar a respeito de Jesus de tal modo, que os ouvintes o reconheçam como o autor da salvação e o guia e condutor para a verdadeira vida. A exortação para que nos armemos contra os hereges soa conservadora para nós, mas devemos estar atentos para a doutrina pura. Continua sendo uma missão importante não falsificar a mensagem de Jesus.

Em cada época há tendências para obscurecer a mensagem cristã. Naquela época se tratou, por exemplo, dos gnósticos. Hoje poderíamos compará-los com certos esotéricos que prometem muitas coisas, fascinando muitas pessoas. O perigo de sua prédica é que eles nos convidam a refugiar na grandiosidade, que em nossa espiritualidade nos coloquemos acima das demais pessoas e nos consideremos especiais. Lucas contrapõe a isso a prédica sobre o que é salutar e útil para nós; sobre o que realmente nos sustenta na vida e nos ajuda a viver de uma maneira que corresponda à vontade de Deus; que nos tornemos saudáveis e íntegros; e que nos tornemos como Deus nos imaginou.

Porém, ao lado de toda a vigilância em relação às doutrinas falsas precisamos confiar no poder edificador da palavra de Deus. E, a exemplo de Paulo, devemos concentrar a nossa proclamação nas pessoas. Anneliese Hecht interpreta assim sua despedida emocionada:

> Os fortes sentimentos no final mostraram que, como proclamador, Paulo não só se encontrou diante dos seus ouvintes e de suas ouvintes, mas também se envolveu profundamente com eles (HECHT, p. 108).

O discurso de despedida de Paulo me confronta com o que eu gostaria de dizer, a título de despedida, às pessoas que me são caras. Qual é minha mensagem para elas? O que eu quis transmitir com a minha vida? O que me motivou? Que causas defendi? O que eu gostaria de atestar? Como eu resumiria minha vida em poucas palavras? Também posso dizer que servi o Senhor com toda a humildade e "não tenho ocultado nada do que pudesse ser útil"? (At 20,20).

18

Paulo em Jerusalém

O destino da viagem de despedida de Paulo é Jerusalém. A respeito dessa cidade Lucas descreve como os cristãos de origem judaica reagem à missão de Paulo entre os pagãos. Tiago conhecia a atmosfera reinante entre os judeus e dizia que muitos deles eram zelosos pela lei, acusando Paulo de ensinar aos judeus que viviam entre os pagãos a renunciarem a Moisés. Paulo deveria fazer algo para esfriar os ânimos. Assim, Tiago o aconselhou a se apresentar como judeu fiel à lei, assumindo as "despesas pelo voto do nazireu", um voto tipicamente judeu feito por quatro homens diante de Deus. E ele próprio deveria consagrar-se com eles no templo.

> E assim todos conhecerão que é falso quanto de ti ouviram, mas que continuas observando a lei (At 21,24).

Paulo se dispôs a dar esse sinal de sua tradição judaica. No entanto, nem esse gesto reconciliador convenceu os judeus, que o agarraram e o arrastam para fora do templo, com a intenção de matá-lo. Mas o comandante da guarnição romana livrou Paulo de suas mãos, levando-o preso.

Quando Paulo se dirigiu a ele em língua grega e lhe pediu para falar diante do povo, ele o tratou amistosamente e o atendeu prontamente. Assim, Paulo pôde narrar uma vez mais a história de sua conversão e, desse modo, justificar sua missão aos pagãos, pois o próprio Deus o havia enviado a eles (At 22,21). No entanto, os judeus o calaram aos berros e o comandante teve de protegê-lo novamente.

Mas quando o comandante ordenou que ele fosse interrogado mediante açoites, Paulo lhe perguntou se era permitido açoitar alguém que tinha cidadania romana. Imediatamente ele passou a ser tratado amistosamente e o superior ficou receoso por ter mandado algemá-lo, apesar de ser cidadão romano. Muitas vezes Lucas procura mostrar que os cristãos foram tratados amistosamente pelas autoridades romanas. Sua intenção também era dar um sinal de advertência ao Estado romano para não se deixar levar pelos ânimos negativos contra os cristãos.

O primeiro discurso proferido por Paulo foi dirigido aos judeus que estavam reunidos no templo. Isso resultou na possibilidade de falar diante do Sinédrio. Nessa ocasião Paulo conseguiu dividir o Sinédrio, caracterizando-se como fariseu. E, sendo fariseu, ele proclamou a ressurreição, que é rejeitada pelos saduceus. Assim, os fariseus e os saduceus brigaram entre si, e os fariseus se colocaram ao lado de Paulo:

> Não achamos culpa neste homem. Quem sabe se lhe falou um espírito ou um anjo? (At 23,9).

Lucas mostra mais uma vez que Paulo não violou a doutrina judaica, mas até a cumpriu com sua prédica. Nesse caso, somente os saduceus rejeitaram sua mensagem.

Na noite seguinte o próprio Jesus apareceu-lhe em sonho e lhe disse:

> Coragem! Assim como deste testemunho de mim em Jerusalém, também hás de fazê-lo em Roma (At 23,11).

Nesse momento ficou claro o tema da narração seguinte: Paulo levará o Evangelho até Roma. Aparentemente ele irá até lá para morrer, mas o sentido propriamente dito de sua transferência para Roma era a proclamação da mensagem de Jesus na capital do Império Romano. O próprio Paulo quis sua transferência quando apelou ao imperador romano.

No entanto, antes de chegar a esse apelo, Lucas narra cenas de um atentado que estava sendo planejado contra Paulo. Ele ficou sabendo disso por meio do seu sobrinho e mandou pedir ajuda ao comandante. E assim, o comandante livrou Paulo das mãos dos judeus e mandou levá-lo a Cesareia escoltado por duzentos soldados e setenta cavaleiros. Paulo acabou tendo uma comitiva solene.

Assim, Paulo chegou ao governador romano Félix. Este chamou os acusadores judeus para que apresentassem suas alegações. Mais uma vez Paulo teve a oportunidade de se justificar, reportando-se à sua educação judaica. E novamente ele também falou da ressurreição como tema decisivo, razão pela qual os judeus – ou seja, os saduceus – o acusavam. Félix tinha uma esposa judia, e procurou Paulo para que ele lhe falasse pessoalmente sobre a fé em Jesus Cristo.

> Mas quando Paulo falou sobre a justiça, a continência e o juízo futuro, Félix, todo atemorizado,

disse: "Por ora podes retirar-te. Na primeira ocasião mandarei chamar-te" (At 24,25).

Portanto, Paulo gozava da benevolência do governador romano, que gostava de conversar com ele.

Os livros de história pintam outra imagem do governador romano Félix. Sua gestão foi caracterizada

> por corrupção, crueldade e injustiça. [...] Lucas se interessou sobretudo por fundamentar, apesar de todo o fracasso pessoal de Félix, a legalidade do processo, e, desse modo, a injustiça da acusação e a inocência do acusado, e também, ao mesmo tempo, reclamar o procedimento correto das instâncias romanas para com o cristianismo de seu tempo (KLIESCH, p. 148).

Esse propósito de Lucas não é aplicável para nós, hoje. Porém, hoje também vivemos como cristãos em um Estado mundano e permanece a questão referente a como nos comportarmos diante desse Estado sem renunciar à nossa identidade cristã. Como cristãos, mantemos distância crítica do Estado; mas, ao mesmo tempo, vivemos como cidadãos do Estado e contribuímos para que as pessoas possam viver nele em paz e esperança.

Dois anos depois, Félix foi substituído por Pórcio Festo na função de governador. Os sumos sacerdotes acusaram Paulo diante de Festo e pediram que Paulo fosse levado a Jerusalém, porque queriam matá-lo no caminho. Mas Festo os intimou a comparecer diante dele em Cesareia. Paulo, ao ser acusado pelos judeus diante de Festo, apelou ao imperador.

Então Festo confabulou com seus conselheiros e transmitiu a Paulo sua decisão:

> Ao imperador apelaste, ao imperador irás (At 25,12).

Essa palavra selou a viagem de Paulo até Roma. Antes da partida de Paulo, Lucas descreve a cena da visita de cortesia do rei judeu Agripa em companhia de sua mulher ao governador romano. Durante a visita, Festo falou ao rei a respeito de Paulo. Imediatamente Agripa se mostrou interessado em ouvi-lo. Assim, novamente Paulo teve a oportunidade de contar sua história e sua conversão, e o fez de tal maneira, que Agripa e o governador romano pudessem entendê-lo. Em seu discurso ele pensou tanto nos judeus, representados por Agripa, quanto nos pagãos. Sua fundamentação foi esta:

> Não ensino outra coisa do que aquilo que os profetas e Moisés disseram que iria acontecer: que o Cristo deveria padecer e, sendo o primeiro na ressurreição dos mortos, haveria de anunciar a luz ao povo e aos pagãos (At 26,22-23).

Novamente ele mostrou a concordância entre sua mensagem e as Sagradas Escrituras dos judeus, que continuam em vigor também para os cristãos. E, ao mesmo tempo, ele falou por meio de imagens familiares aos gregos; ou seja, que ele anunciava a todas as pessoas uma luz que iluminaria sua existência; que Cristo abriria os olhos das pessoas para conhecerem Deus de verdade e também descobrirem a própria verdade.

Agripa e Festo escutam interessados. No entanto, quando Paulo falou da ressurreição de Jesus, Festo o interrompeu:

> Estás louco, Paulo! As muitas letras fizeram-te perder o juízo (At 26,24).

Para os romanos e os gregos a ressurreição era algo difícil de ser entendida, e esse foi o ponto decisivo no qual a mensagem às vezes malograva entre os pagãos. Lucas usa a prisão de Paulo para contar a história dele diante dos dois governadores romanos Félix e Festo e diante do rei judeu Agripa. Os governadores romanos escutavam com benevolência, mas acabavam não entendendo o que Paulo proclamava. Agripa entendeu e ficou fascinado com Paulo:

> Por pouco não me convences a tornar-me cristão (At 26,28).

Agripa e Festo concordaram que Paulo nada havia feito para que merecesse a morte ou a prisão (cf. At 26,31). Mas, porque Paulo havia apelado ao imperador, eles não poderiam libertá-lo, mas precisariam transferi-lo para Roma.

É emocionante como Lucas conta a história da prisão de Paulo, ficando claro para o leitor que ele idealiza o destino de Paulo e o apresenta como história triunfal. Mas o que significa isso para nós hoje? O que essa história transmite para mim é a esperança de que eu também posso dar testemunho em favor de Jesus Cristo até o fim, não importando qual seja o meu destino. Mesmo se eu fosse condenado à morte, os dias que me restavam poderiam se tornar tempo de testemunhar em favor de Cristo. Se eu recebesse o diagnóstico de uma doença grave que poderia me levar à morte, não precisaria ficar assustado. Ao contrário, seria minha tarefa despedir-me de maneira positiva nessa última jornada. Se eu tivesse sido aprisionado por doença, esse tempo poderia se tornar precioso para mim, concentrando-me no essencial de minha vida. Enfim, posso imaginar-me aceitando livremente o destino que me aguarda. Tendo em vista a morte, sou desafiado a refletir sobre como Deus me conduziu durante a vida e como Ele gostaria de me conduzir agora na última jornada. Assim, Deus pode transformar em bênção tudo o que me sucede.

19

A viagem a Roma

Lucas narra como história de êxito, uma vez mais, a última viagem de Paulo a Roma, onde ele sofreria o martírio. É verdade que Paulo era prisioneiro, mas foi ele quem guiava os marinheiros e o comandante. Primeiramente lhes aconselhou para que passassem o inverno em Creta, pois ele antevia que aquela viagem estava associada a perigos e grande prejuízo. Mas o comandante confiou mais no timoneiro e no capitão do navio e continuaram viagem. Pouco depois veio uma forte tempestade, sacudindo o navio de um lado para o outro. Todos ficaram com medo; então Paulo encorajou os marujos e todos os que estavam a bordo:

> Tende coragem, pois só o navio vai perder-se. Nenhum de nós há de perder a vida (At 27,22).

E ele se reportou a um anjo que lhe aparecera durante a noite e lhe anunciara o salvamento. Então eles aportaram com algumas dificuldades em Malta. Ali Paulo também assumiu o comando e fez com que todos comessem para terem suas forças renovadas.

Em Malta eles foram tratados amistosamente pelos habitantes locais. Ao fazer fogo, uma víbora mordeu a mão de Paulo, e todos pensaram que ele fosse um assassino:

> Embora tenha escapado do mar, a deusa da vingança não o deixa viver (At 28,7).

Porém, Paulo jogou a víbora no fogo e não sofreu mal algum. A partir de então as pessoas passaram a achar que ele fosse um deus. Paulo, que estava fadado a morrer, foi adorado como um deus pela gente de Malta. Públio, dono de muitas terras, gentilmente acolheu como hóspedes Paulo e seus acompanhantes. Como o pai de Públio estava acamado, Paulo "foi visitá-lo, rezou, impôs as mãos sobre ele e o curou" (At 28,8). Em seguida apareceram outros doentes da ilha para serem curados. Muitos recuperaram a saúde e Paulo foi cumulado de honrarias. Na despedida ele recebeu muitos presentes; apesar da situação delicada, tratou-se de um cortejo triunfal de Paulo a Roma.

Quando o navio chegou a Putéoli, Paulo foi recebido por irmãos cristãos; evidentemente, ali havia uma comunidade cristã. Paulo permaneceu sete dias com eles e então seguiram viagem até Roma. Lá, Paulo teve permissão de viver sozinho em uma casa alugada, vigiada por um único soldado. Primeiramente, Paulo se dirigiu novamente aos judeus e lhes narrou sua história. Ao fazer isso ele deu a seguinte razão para a sua prisão:

> É pela esperança de Israel que carrego estas algemas (At 28,20).

Ali ele se apresentou como judeu que fora preso por anunciar a esperança de Israel. Para Lucas, a esperança de Israel consiste "sobretudo em três coisas: na promessa do Messias, na expectativa da ressurreição dos mortos e no perdão dos pecados" (MUSSNER, p. 10). Essas três esperanças foram cumpridas em Jesus Cristo. Os saduceus não criam na ressurreição e os fariseus não o acompanhavam quando ele dizia que a esperança de Israel foi cumprida em Jesus Cristo.

A comunidade judaica em Roma nada ouvira contra Paulo. Assim, ela combinou com ele uma nova reunião. Paulo lhes explicou durante um dia inteiro a mensagem de Jesus. Ele tentou ganhá-los para Jesus a partir da lei de Moisés e dos profetas; proclamou abertamente Jesus como o cumprimento dos anseios judaicos e usou a Bíblia como base para sua argumentação. Uma parte dos judeus se deixou convencer pelas palavras de Paulo, a outra parte não. Assim, Paulo finalizou seu discurso com uma citação do Profeta Isaías a respeito do endurecimento e da promessa de salvação para os pagãos:

> Sabei que esta salvação de Deus já foi comunicada aos pagãos, e eles a ouvirão (At 28,28).

Hoje temos dificuldade para acompanhar essa rígida delimitação dos cristãos de origem pagã em relação aos judeus. Lucas não tem ressentimentos para com os judeus, descrevendo muitos deles favoravelmente. Ele mostra claramente que os judeus não estão excluídos da salvação, e que os cristãos têm suas raízes nas promessas de Deus feitas aos patriarcas. Lucas tinha muita esperança de que os judeus não se convertessem apenas isoladamente, mas que uma quantidade cada vez maior deles reconhecesse Jesus como o Messias.

O motivo do endurecimento deles tampouco fala "contra essa perspectiva esperançosa" (ZMIJEWSKI, p. 886). François Bovon pensa, inclusive, que as últimas palavras da citação de Isaías podem ser interpretadas positivamente: "para que eles se convertam e assim eu os cure" (BOVON, p. 886). Lucas sempre tem uma linguagem franca, mas na tradução usual da Bíblia esse texto é mais pessimista: "para que não se convertam e assim eu não os cure" (At 28,27). Só que no texto grego não consta esse "não". Assim, Lucas deixa em aberto a esperança de que também os judeus se convertam e Deus os cure. Em vista disso, as palavras de Lucas de modo algum justificam tendências antissemitas; nem na teologia, que algumas vezes negligenciou as raízes judaicas, nem na espiritualidade dos cristãos, que demasiadas vezes se elevaram acima dos judeus e olharam para eles de cima para baixo, com animosidade. Com suas palavras Lucas não atiça qualquer animosidade, mas promove a reconciliação. Ele sempre se expressa respeitosamente para com os judeus, mesmo que uma parte se volte contra Paulo e lhe cause sofrimento.

Lucas encerra os Atos dos Apóstolos com a descrição da atuação de Paulo em Roma. Durante dois anos inteiros Paulo pôde permanecer em sua casa alugada e proclamar a mensagem de Jesus a todos os que iam a ele, "com toda a liberdade e sem obstáculo" (At 28,31). Isso quer dizer que ele não teve mais medo das consequências de sua prédica, mas proclamou a mensagem de Jesus a quem estivesse aberto para ouvir suas palavras, tanto judeus quanto pagãos. O texto grego dos Atos dos Apóstolos termina com estas duas expressões: "com toda a liberdade e sem obstáculo". Com elas Lucas descreve o futuro da Igreja. Ela poderá proclamar corajosamente e com toda a liberdade o Evangelho de Jesus. Ela também se tornará uma Igreja mundial que, a partir de Roma como capital do mundo, proclamará sua mensagem às pessoas do mundo inteiro, sem ser impedida pelo Estado.

Nos dois últimos capítulos Lucas não quer mostrar unicamente a importância do Apóstolo Paulo e selar definitivamente a transição dos judeus cristãos para um cristianismo que se abriu para os pagãos. Ele também tem outra intenção, a de descrever a benevolência do Estado romano para com o cristianismo. E o termo "sem obstáculo" expressa sua esperança de que também no futuro o Estado romano permitiria a difusão desimpedida da mensagem cristã. Lucas tem ciência da morte violenta de Paulo sob Nero. No entanto, Nero não foi reconhecido pelos romanos, nem como imperador. Ele não foi o representante típico do poder estatal romano; por isso, Lucas o omite e escreve em termos positivos sobre as autoridades romanas, na esperança de que isso permanecesse assim também no futuro. Mas infelizmente essa esperança não se cumpriu; os cristãos foram perseguidos sob o Imperador Domiciano e sob numerosos sucessores, sendo que muitos sofreram o martírio.

Ainda hoje os cristãos são perseguidos em todo o mundo. Assim, os Atos dos Apóstolos querem expressar também a nossa esperança de que possamos proclamar a mensagem cristã "com toda franqueza" – sem medo de perseguição – e "sem obstáculo" – sem limitação por determinados grupos. Os últimos dois versículos dos Atos dos Apóstolos nos encorajam a proclamar com franqueza a mensagem de Jesus também em um mundo que nos hostiliza, na confiança de que essa mensagem seja salutar e libertadora para as pessoas. Uma mensagem que as conclame a mudar seu modo de pensar e a se converter, que simultaneamente prometa que se tornarão saudáveis e íntegras, que encontrarão o seu verdadeiro eu se confiarem nas palavras de Jesus. Pois a *sotería*, que para Lucas está associada ao nome de Jesus, não quer dizer só redenção e salvação, mas sempre também: preservação do eu verdadeiro, da essência interior do ser humano. A mensagem de Jesus corresponde à verdadeira *humanitas*, sobre a qual os filósofos romanos Sêneca e Cícero escreveram. Ela é a satisfação do anseio tanto dos judeus quanto dos romanos. E, como podemos dizer hoje: a satisfação do anseio de todas as religiões, de todas as culturas e de todos os povos.

20

As histórias de cura nos Atos dos Apóstolos

Repetidamente Lucas narra histórias de cura. Pedro e João curaram o paralítico na porta Formosa do templo; Pedro ressuscita Tabita; Paulo cura o paralítico em Listra e ressuscita o jovem que havia adormecido durante sua prédica e caído do terceiro andar. A respeito de Pedro, Lucas conta que os enfermos eram levados às ruas "para que, quando Pedro passasse, ao menos sua sombra os cobrisse" (At 5,15). Quando Paulo esteve em Éfeso, Deus fez muitos milagres por meio dele:

> Bastava aplicar aos enfermos os lenços e aventais que lhe haviam tocado o corpo para que desaparecessem as enfermidades e saíssem os espíritos malignos (At 19,12).

Lucas tem dois propósitos com essas histórias de cura: por um lado, ele quer mostrar que em nome e no Espírito de Jesus seus discípulos podiam fazer milagres parecidos com os dele; por outro lado, as curas ofereciam a Pedro e Paulo o ensejo de falar do Evangelho.

No entanto, para mim, é mais importante perguntar o que essas histórias de cura significam para nós hoje. Por um lado, podemos interpretá-las metaforicamente como descrição da nossa própria cura; por outro lado, elas representam um desafio para nós no sentido de que a nossa prédica e o nosso aconselhamento tenham um aspecto terapêutico. Nessa linha eu gostaria de explicar primeiro as histórias de cura dos dois paralíticos.

Pedro e João se encontraram com um homem paralítico de nascença que era trazido por seus parentes todo dia até a porta Formosa do templo para pedir esmolas. Foi o que ele pediu também a Pedro e João. Mas Pedro lhe disse:

> Não tenho nem ouro nem prata, mas o que tenho eu te dou: em nome de Jesus Cristo Nazareno põe-te a caminhar (At 3,6).

Pedro pegou o paralítico pela mão e o levantou.

> Imediatamente os pés e tornozelos dele ficaram firmes. Num salto, pôs-se de pé e começou a andar (At 3,7-8).

Como os apóstolos estavam cheios do Espírito de Jesus, partia deles um poder que reergueu até o paralítico, sem força. De modo similar Lucas descreve o paralítico de Listra; este, um paralítico de nascença, permanecia sentado, pois era "inválido dos pés" (At 14,8). As duas curas nos mostram que da mensagem de Jesus parte um poder que nos põe em pé. Quando permitimos que Jesus Cristo nos ponha em pé somos capazes de proclamar sua mensagem de tal modo que levantamos as pessoas, damos-lhes coragem para se afirmarem e andarem eretas. A mensagem de Jesus quer libertar as pessoas de suas inibições e de seus bloqueios, de seus medos e de suas fraquezas.

De modo similar podemos explicar as duas ressurreições de mortos. A respeito de Tabita, Lucas conta que ela fazia muitas boas obras e dava esmolas prodigamente; ela também fazia túnicas e mantos para as viúvas. Pedro rezou por ela, que retomou o contato com sua força (At 9,36-43). A oração tem o poder de despertar novamente para a vida pessoas que estão interiormente mortas; quando experimentam o poder da oração as pessoas ficam prontas para crerem na mensagem de Jesus.

Rudolf Pesch considera que também é legítimo interpretar a ressurreição de Tabita como história simbólica.

> Essa ressurreição de mortos poderia ser entendida como modelo de como os cristãos podem lidar com a morte de irmãs e irmãos que vivem de maneira santa. Mais do que de uma veneração dos santos, trata-se aí de um desassossegar de toda a comunidade, de um novo despertar da fé por meio dos mortos, que assim falam vivamente à comunidade (PESCH, vol. 1, p. 326).

Tabita havia feito muitas coisas boas sobretudo pelos pobres; assim, seu exemplo deve ter ficado vivo na comunidade; ele deve ter mantido aceso o engajamento pelos pobres.

O jovem que caiu da janela e morreu durante a prédica de Paulo poderia ser uma imagem para pessoas cuja espiritualidade não as leva à vida, mas que se deixam ninar por ela e acabam evitando a vida. Mas, quando Paulo ressuscita o jovem, todos os presentes se enchem de confiança, são consolados e fortalecidos. Portanto, a fé quer nos conduzir à vida para que tenhamos o chão debaixo dos pés e fiquemos em pé em meio à vida. Além disso, Lucas talvez queira nos admoestar com essa narrativa a não adormecermos enquanto ouvimos as palavras da proclamação, mas deixar que elas nos despertem (At 20,7-12). Rudolf Pesch não interpreta esse milagre como ação terapêutica, mas como ação diagnóstica (PESCH, vol. 2, p. 192). Paulo se debruçou sobre o rapaz, reconhecendo que "sua alma está nele" (At 20,10). Nesse caso, a narrativa de Lucas seria um convite aos conselheiros para reconhecerem a alma viva nas pessoas que os outros descartaram, percebendo seu anseio por Deus e pela verdadeira vitalidade.

Os dois relatos que sumarizam as curas de Pedro (At 5,12-16) e de Paulo (At 19,11-12) nos parecem exagerados para os dias de hoje, mas eles nos mostram que dos apóstolos partia uma força terapêutica. E eles nos desafiam para que de nossa atuação também parta algo terapêutico para as pessoas. Não podemos dizer que somos nós que efetuamos a cura – desse modo, nos colocaríamos acima das pessoas e haveria o perigo de atribuirmos a nós próprios o poder de curar. Porém, podemos experimentar, também hoje, as pessoas dizendo que lhes fazemos bem.

Às vezes ouço de leitores meus que, em tempos nos quais não estavam se sentindo bem, leram meus livros e meditaram todo dia sobre um dos textos. Isso lhes teria feito bem, levando-as a sair da crise. Sou grato quando ouço algo assim, mas não me vanglorio disso. Sei que o mérito não é meu, mas Deus usa minhas palavras para erguer as pessoas. Eu mesmo já experimentei a ajuda de livros para superar crises; penso sobretudo nos livros de Henri Nouwen, que me puseram em pé quando sentia pouca força interior.

Como cristãos podemos ser gratos quando o poder terapêutico de Deus age nas pessoas por meio de nossas palavras, de nosso fazer e de encontros nos quais participamos. O fato de Deus agir por meio de nós sempre é graça, nunca mérito nosso. Porém, para que Deus envie seu poder terapêutico às pessoas por meio de nós devemos ser permeáveis para a sua graça. Não podemos nos colocar no centro, como se pudéssemos curá-las. Precisamos abdicar de nosso eu para que Deus atue em nós e por meio de nós. Pedro e Paulo não curaram por seu poder, mas em nome de Jesus; eles transmitiram às pessoas o poder de Jesus. Desse modo, nossas palavras só terão efeito salutar sobre as pessoas quando estiverem livres de julgamento, moralização e condenação, e também livres de toda vanglória egoísta, como se nós mesmos pudéssemos curar. Deus toca as pessoas de modo curativo por meio de nossas palavras quando, em nosso falar, tocamos o coração das pessoas e as colocamos em contato com seu anseio mais profundo.

Conclusão

Lucas é um excelente narrador. As histórias contidas em Atos dos Apóstolos são maravilhosamente bem construídas e narradas, prendendo a nossa atenção. Lucas também foi um autor que conhecia a literatura e a filosofia gregas, como também as Sagradas Escrituras. Frequentemente ele escrevia em um estilo parecido com o da Septuaginta – a tradução grega do Antigo Testamento –, tendo a capacidade de falar da mesma maneira para judeus e para gregos. Sua linguagem sempre era dialógica; estabelecendo diálogo com a sabedoria judaica e com a filosofia grega, ele dialoga com seus leitores e suas leitoras, sempre adaptando sua linguagem às circunstâncias.

Lucas faz Paulo falar em linguagem jurídica a Festo e a Agripa. Essa é uma arte que Lucas domina maravilhosamente: sempre sintonizar sua linguagem com os interlocutores, de modo que as palavras realmente penetrem no coração e não passem longe dele.

Desse modo, Lucas prova que é, ao mesmo tempo, um autor helenista:

> Pois para o senso estilístico do mundo helenista, bem como da antiguidade greco-romana em geral, vigorava como princípio fundamental de toda a atividade literária ser levada a sério, que deveria haver correspondência entre o objeto tratado e a forma escolhida para sua exposição (PLÜMACHER, p. 26).

Assim, Lucas não só estabelece uma sintonia com o estado de espírito das pessoas descritas, mas com seus escritos ele se dirige a todos os segmentos de leitores: às pessoas formadas pela filosofia e literatura gregas e também às pessoas nativas da tradição judaica, cultas e incultas, ricas e pobres, artesãs e comerciantes, como também camponesas e escravas. Na leitura, todos sentirão que os Atos dos Apóstolos falam para eles; cada qual sentirá isso naturalmente em passagens diferentes.

Ao ler Atos dos Apóstolos em vista da nossa proclamação atual, eu gostaria de ressaltar três desideratos para o nosso falar sobre Deus e Jesus Cristo.

1

Nossa proclamação não poderá ser somente teórica; ela deverá ter um estilo narrativo. Quando contamos histórias as pessoas escutam e são transformadas por elas. Contar histórias é diferente de dar sermão de cunho moral, pois a moralização faz com que os ouvintes fiquem com a consciência pesada. As histórias colocam as pessoas em contato com as próprias possibilidades, deixando-as livres para reagir diante delas. Elas igualmente têm efeito inconsciente em nós, transformando-nos e colocando-nos em contato, sem pressão exterior, com os valores que elas nos comunicam.

Lucas conta histórias de como Deus agiu por meio de pessoas. Também faz parte do nosso ser cristão que contemos histórias uns para os outros sobre como experimentamos Deus em nossa vida, sobre o que Ele faz em nós, sobre como Jesus pode ser experimentado em nosso meio. Protótipo dessa arte narrativa são os discípulos de Emaús:

> Eles também começaram a contar o que tinha acontecido no caminho e como o reconheceram ao partir o pão (Lc 24,35).

Devemos contar uns para os outros o que vivenciamos na jornada da nossa vida e como seguidamente nossos olhos se abrem, experimentando a presença de Cristo ressuscitado em nosso meio.

2

O propósito de nossa proclamação é entrar em diálogo com o mundo atual. Isso significa, por um lado, travar um diálogo com a filosofia, a psicologia e as disciplinas das ciências naturais modernas, como a medicina, a pesquisa sobre o cérebro ou a física quântica. Por outro lado, também dialogar com a atual literatura, com o lirismo e os romances que são publicados hoje.

Mas deveríamos estar sobretudo em diálogo com as pessoas às quais falamos. O diálogo pede que primeiramente ouçamos o que as pessoas pensam e o que as motiva no seu íntimo. É igualmente necessário que lhes façamos perguntas, mas não devemos interrogá-las; por meio de nossas perguntas poderemos lhes oferecer a possibilidade de formularem o que realmente estão pensando. A palavra alemã para pergunta, *Frage*, provém do termo *Furche* (sulco). Portanto, com nossas perguntas fazemos um sulco no "campo da alma" para que esse campo venha a dar fruto. Não podemos dar uma resposta abstrata para o que as pessoas nos contam. O termo alemão *Antwort* (resposta) significa pronunciar uma palavra (*Wort*) "*ante*"; ou seja, "diante" do outro, na face da outra pessoa.

Portanto, respondemos diante da outra pessoa. Quando a encaro não consigo dar resposta que me faça esconder por trás dela. Será uma resposta dirigida a essa pessoa concreta, pela qual eu posso me responsabilizar diante dela e diante de mim. Também será uma resposta pela qual posso me responsabilizar sinceramente diante da minha consciência.

Do diálogo também faz parte que ele seja travado com pessoas de diferentes religiões. Nos Atos dos Apóstolos Lucas trava diálogo com judeus e pagãos. Para nós, isso significa, de um lado, travar diálogo com a religião judaica e com as demais religiões.

Para mim, os judeus nos Atos dos Apóstolos não representam somente o judaísmo daquela época, mas eles são, ao mesmo tempo, símbolo para os cristãos que se encontram dentro de uma tradição consolidada, a exemplo dos judeus daquele tempo, marcados pela prática eclesial e vivenciando sua vida a partir da fé transmitida. E os pagãos representam todas as pessoas que praticamente não têm contato com a mensagem cristã, que estão fora da Igreja, mas que, ainda assim, estão espiritualmente em busca da algo. Elas muitas vezes estão abertas à mensagem dos apóstolos, exatamente como antigamente estavam os pagãos. O diálogo exige que nos envolvamos em cada grupo, que tomemos a linguagem desse grupo como ponto de partida para fazemos articulação com aquilo que é genuinamente cristão. Precisamos de uma linguagem que faça bem às pessoas que estão firmes na fé, que as fortaleça nela. Também é bom nos capacitarmos a falar àquelas com menos talento religioso, de tal maneira que consigamos tocar seu coração.

3

Nossa proclamação deverá prometer às pessoas a salvação que aconteceu em Jesus Cristo, em sua vida e morte, por todos nós. Consequentemente, ela deverá ter uma dimensão terapêutica, estando livre de julgamento e moralização; deverá igualmente evocar as forças curativas no ser humano e lhe indicar maneiras de lidar com os seus medos e as pressões que sofrem, com seu abatimento e seu vazio interior. Nossas palavras também precisam levar as pessoas a experimentarem algo do poder curativo de Jesus. Isso acontece quando nossas palavras encorajam, erguem, dão esperança e irradiam confiança. Porém, como mostram as histórias de cura dos Atos dos Apóstolos, uma cura não acontece só por meio de palavras, mas também do contato físico, do encontro, do abraço; cura é um processo integral. Até que ponto nos envolvemos com as pessoas? Vamos ao seu encontro de tal modo que elas se sentem tocadas?

É próprio da linguagem terapêutica trabalhar o anseio das pessoas. Em todos nós há um anseio por Deus, pelo mistério, como também pela salvação e cura. Não devemos fazer promessas às pessoas nem lhes transmitir ilusões de que por meio da fé todos os seus problemas serão resolvidos e elas ficarão saudáveis. Da proclamação também faz parte que ingressemos no Reino dos Céus passando por muitas adversidades; isto é, que também podemos ser atingidos e desafiados pelo sofrimento. Mas a fé poderá nos ajudar a lidar com isso, tirando nosso medo do sofrimento; podemos aceitar que ele simplesmente faz parte de nossa vida. Assim, ele não nos abaterá, mas nos abrirá para Deus, levando-nos a entrar no Reino dos Céus. Portanto, o sofrimento poderá nos abrir espaço interior, para o céu dentro de nós, no qual já estamos saudáveis e íntegros.

Lucas chama Jesus de *archegós tés zoés* (autor da vida). A Carta aos Hebreus (2,10) chama Jesus de *archegós tés soterías* (autor da salvação); termos que também podem ser traduzidos como "guia da vida" ou "guia para a vida". Desse modo, Lucas faz referência à arte da vida saudável, como era ensinada pelos médicos gregos. O Evangelho segundo Lucas descreve Jesus como o verdadeiro médico que nos inicia nessa arte de fazer nossa vida dar certo. Já em Atos dos Apóstolos, Lucas nos conta histórias sobre como os apóstolos transmitiam a doutrina de Jesus.

Lucas faz uma diferenciação entre a proclamação dos apóstolos e a doutrina que eles ensinavam aos cristãos. A proclamação se refere ao agir de Deus na ressurreição de Jesus e à vinda do Reino de Deus em Jesus Cristo. Os apóstolos proclamavam o que Deus fez na história e o que Ele faz hoje em nós. Já a doutrina dos apóstolos se refere às palavras de Jesus, à sua doutrina de vida saudável e bem-sucedida.

Mas tratam-se de palavras que não dão lições pela via racional, mas que fazem arder o coração das pessoas, como fez Jesus com suas palavras na presença dos discípulos de Emaús (Lc 24,32); foram palavras pronunciadas com autoridade por Jesus. Os ouvintes ficavam admirados com a doutrina de Jesus "porque sua palavra tinha autoridade" (Lc 4,32). Em grego consta: *"en exousía ên ho lógos autoû"* ("com autoridade vinha a sua palavra"). O termo *exousía* também pode ser traduzido assim: Jesus falava a partir do ser, a partir de sua essência íntima. Suas palavras põem as pessoas em contato com seu verdadeiro ser, com sua verdadeira essência. Em consequência, elas são salutares. Quando o ser humano vive de acordo com o seu ser, ele é saudável, ele vive a arte da vida saudável, como foi proclamada pelos médicos gregos.

Para nós, isso quer dizer que não devemos pregar em tom moralizante; que, em primeira linha, não devemos diz às pessoas o que elas precisam fazer, mas o que elas são. A partir da mensagem de Jesus devemos mostrar a elas qual é sua verdadeira essência, qual é seu anseio mais profundo e como podem viver de modo a estarem em sintonia como seu eu verdadeiro, com a essência do ser humano, criada por Deus como sua imagem e semelhança. Os ouvintes dos apóstolos se encheram de alegria por causa de suas palavras; eles perceberam quem realmente eram quando reconheceram Jesus como o seu Senhor. Então se tornaram verdadeiramente livres, tendo parte em sua ressurreição e podendo seguir seu caminho, restabelecidos e de cabeça erguida.

Assim, desejo a todos os leitores e todas as leitoras que leiam os Atos dos Apóstolos com interesse renovado, deixando-se impressionar pelo maravilhoso narrador Lucas, que sejam fortalecidos em sua fé por essa leitura e que por meio dela também encontrem uma linguagem própria para falar com as pessoas que lhes fazem perguntas referentes à sua fé.

Referências

BAUER, D. "Zwischen Ideal und Wirklichkeit – Die 'Urgemeinde von Jerusalem'". In: *Entdecken: Apostelgeschichte* – Lese- und Arbeitsbuch zur Bibel. Stuttgart, 2004, p. 44-53.

BENOIT, J.-P. *Combats d'Apôtres pour une humanité nouvelle* – Traduction et commentaire du Livre des Actes des Apôtres. Paris, 1957.

DUPONT, J. *Paulo an die Seelsorger* – Das Vermächtnis von Milet. Düsseldorf, 1966.

ETTL, C. "Aller Anfang ist leicht – Die Pfingsterzählung (Apostelgeschichte 12,1-36)". In: *Entdecken: Apostelgeschichte* – Lese- und Arbeitsbuch zur Bibel. Stuttgart, 2004, p. 32-41.

HAENCHEN, E. *Die Apostelgeschichte*. 6. ed. rev. Göttingen, 1968.

HECHT, A. "Blickwinkel: der Andere – Drei missionarische Predigten an Juden, Griechen und Christen". In: *Entdecken: Apostelgeschichte* – Lese- und Arbeitsbuch zur Bibel. Stuttgart, 2004, p. 102-111.

KLAUCK, H.-J. *Anknüpfung und Widerspruch*: das frühe Christentum in der multireligiösen Welt der Antike. Munique, 2002.

KLIESCH, K. *Apostelgeschichte* – Stuttgarter Kleiner Kommentar. Stuttgart, 1986.

MUSSNER, F. *Apostelgeschichte* – Die Neue Echter Bibel. Würzburg, 1984.

NEUBERTH, R. "Demokratische Konfliktlösung. – Die Jerusalemer Versammlung (Apostelgeschichte 15). In: *Entdecken: Apostelgeschichte* – Lese- und Arbeitsbuch zur Bibel. Stuttgart, 2004, p. 56-67.

NOUWEN, H.J.M. *Ich hörte auf die Stille* – Sieben Monate im Trappistenkloster. Freiburg im Breisgau, 2001.

PESCH, R. *Die Apostelgeschichte* – Evangelisch-Katholischer Kommentar zum Neuen Testament. 2 vol. Zurique, 1986.

PLÜMACHER, E. *Lukas als hellenistischer Schriftsteller* – Studien zur Apostelgeschichte. Göttingen, 1972.

SCHNEIDER, G. *Die Apostelgeschichte* – Herders theologischer Kommentar zum Neuen Testament. 2 vol. Freiburg im Breisgau, 1980.

ZMIJEWSKI, J. *Die Apostelgeschichte* – Regensburger Neues Testament. Regensburg, 1994.

CULTURAL

Administração
Antropologia
Biografias
Comunicação
Dinâmicas e Jogos
Ecologia e Meio Ambiente
Educação e Pedagogia
Filosofia
História
Letras e Literatura
Obras de referência
Política
Psicologia
Saúde e Nutrição
Serviço Social e Trabalho
Sociologia

CATEQUÉTICO PASTORAL

Catequese
Geral
Crisma
Primeira Eucaristia

Pastoral
Geral
Sacramental
Familiar
Social
Ensino Religioso Escolar

TEOLÓGICO ESPIRITUAL

Biografias
Devocionários
Espiritualidade e Mística
Espiritualidade Mariana
Franciscanismo
Autoconhecimento
Liturgia
Obras de referência
Sagrada Escritura e Livros Apócrifos

Teologia
Bíblica
Histórica
Prática
Sistemática

REVISTAS

Concilium
Estudos Bíblicos
Grande Sinal
REB (Revista Eclesiástica Brasileira)

VOZES NOBILIS

Uma linha editorial especial, com importantes autores, alto valor agregado e qualidade superior.

VOZES DE BOLSO

Obras clássicas de Ciências Humanas em formato de bolso.

PRODUTOS SAZONAIS

Folhinha do Sagrado Coração de Jesus
Calendário de mesa do Sagrado Coração de Jesus
Agenda do Sagrado Coração de Jesus
Almanaque Santo Antônio
Agendinha
Diário Vozes
Meditações para o dia a dia
Encontro diário com Deus
Guia Litúrgico

CADASTRE-SE
www.vozes.com.br

EDITORA VOZES LTDA.
Rua Frei Luís, 100 – Centro – Cep 25689-900 – Petrópolis, RJ
Tel.: (24) 2233-9000 – Fax: (24) 2231-4676 – E-mail: vendas@vozes.com.br

UNIDADES NO BRASIL: Belo Horizonte, MG – Brasília, DF – Campinas, SP – Cuiabá, MT
Curitiba, PR – Fortaleza, CE – Goiânia, GO – Juiz de Fora, MG
Manaus, AM – Petrópolis, RJ – Porto Alegre, RS – Recife, PE – Rio de Janeiro, RJ
Salvador, BA – São Paulo, SP